Mi hijo es extraordinario

Tania Pasarín-Lavín

Mi hijo es extraordinario

Cada niño es un mundo: entiende sus necesidades educativas especiales

mr

Ediciones Martínez Roca, sello editorial de Editorial Planeta, S. A.
Diagonal, 662-664, 08034, Barcelona (España)
www.mrediciones.es
www.planetadelibros.com

Primera edición: septiembre de 2024
Depósito legal: B. 11.797-2024
ISBN: 978-84-270-5290-1
Preimpresión: Safekat, S. L.
Impresión y encuadernación: Unigraf, S. L.
Printed in Spain - Impreso en España

PEFC Certificado
Este libro procede de bosques gestionados de forma sostenible
PEFC
PEFC/14-38-00305
www.pefc.es

A mis padres, a Nancy, a Mori y a mi red de amigas.
Gracias por ser el faro que ilumina mi camino.

A todas esas familias que lucháis y acompañáis.
Este libro se plantea como el faro
que pueda iluminar el vuestro.

Índice

PRIMERA PARTE. NECESIDADES EDUCATIVAS ESPECIALES: UN CAMINO EN FAMILIA

CAPÍTULO I. ¿QUÉ OCURRE CUANDO MI HIJO TIENE UNA NECESIDAD EDUCATIVA ESPECIAL? ... 19
¿Cuáles son las necesidades educativas especiales más frecuentes en la infancia? ... 21
¿Cuándo debo ponerme en marcha? ... 24
¿Cómo se detectan las necesidades educativas especiales? ... 38
He detectado alguno de estos signos en mi hijo. ¿Y ahora qué? ... 38
¿Qué puedo hacer si el centro no colabora en la obtención de la evaluación psicopedagógica? ... 45
¿Qué hago después de conseguir el informe de evaluación psicopedagógica? ... 48
¿Qué incluye el informe? ... 48
¿Qué medidas me ofrece el sistema educativo? ... 50

CAPÍTULO II. La oportunidad de aprender criando a un niño con necesidades educativas 55
¿Cómo se gestiona la noticia? 56
¿Cómo afecta a las relaciones familiares? 58
Actitudes de las familias con respecto a los hijos con necesidades especiales 58
Actitudes de las familias respecto a sus otros hijos (si los hubiese) 59
Desafíos en la relación de pareja 61
¿Cómo afrontar los desafíos familiares? 62
Afrontar la confusión con información y educación 62
Lidiar con la negación con terapia y apoyo social 63
Superar los sentimientos de culpa para redefinir el camino 63
Gestionar el miedo y el enfado con planificación a corto plazo 63
Comunicación abierta, normalización y concepto de familia-equipo 64
Manejar el estrés e incorporar el autocuidado en la rutina 65
Buscar redes de apoyo 65
Recursos y ayudas económicas 66
Desafiando el estigma 68
¿Cómo puedo afrontar este reto? 68

CAPÍTULO III. ¿Cómo acompaño a mi hijo en este camino? 71
Entendiendo las necesidades desde los ojos del niño 71
Pero ¿le digo a mi hijo que tiene una necesidad educativa especial? 72

¿Qué puedo hacer para fortalecer el vínculo familiar? .. 76
Pero ¿cómo hacemos esto en la práctica? 77
Estrategias para crear espacios de confianza y seguridad 79
Rutinas diarias 80
Crear un entorno libre y seguro 81
Estrategias para desarrollar actividades lúdicas en familia 83

SEGUNDA PARTE. FORTALEZAS Y DESAFÍOS ESPECÍFICOS. TDAH, DISLEXIA Y ALTAS CAPACIDADES

La importancia de ver el conjunto 92

CAPÍTULO IV. TDAH. MÁS ALLÁ DE LA HIPERACTIVIDAD 95
Desmitificar el TDAH: definición y tipos 95
Tipo predominantemente inatento 96
Tipo predominantemente hiperactivo-impulsivo 96
Tipo combinado 96
Indicadores, fortalezas y desafíos específicos 98
Pero ¿qué hago si sospecho que mi hijo tiene TDAH? 102
Estrategias para la vida diaria 103
Establecer rutinas y mejorar la organización 104
Tareas escolares y concentración 106
Independencia y autonomía 108
Relaciones sociales 110
Tranquilidad y relajación 112

Recursos y herramientas prácticas 114
Juegos 114
Asociaciones y apoyos 116
Otros recursos útiles 117

CAPÍTULO V. DISLEXIA O LOS DESAFÍOS ESPECIALES DE LA LECTURA 123
Qué es la dislexia: definición y tipos 123
Indicadores, fortalezas y desafíos específicos 125
Pero ¿qué hago si sospecho que mi hijo tiene dislexia? 129
¿Cómo puedo ayudar a mi hijo en su día a día? 131
Técnicas de lectura y escritura 132
Tareas escolares y organización 136
Habilidades sociales 139
Habilidades motoras y de coordinación 141
Recursos y herramientas prácticas 142
Juegos 142
Asociaciones y otros apoyos 144
Otros recursos útiles 144

CAPÍTULO VI. ALTAS CAPACIDADES. DESAFIAR E IMPULSAR EL TALENTO 149
Reconocer las señales de las altas capacidades: definición y tipos 149
Indicadores, fortalezas y desafíos específicos 152
Pero ¿qué hago si sospecho que mi hijo tiene altas capacidades? 158
Estrategias para la vida diaria 160
Crear un entorno enriquecido con actividades estimulantes 161

Evitar la sobreexigencia 163
Relaciones sociales 166
Actividades extraescolares enriquecedoras 168
Recursos y herramientas prácticas 170
Juegos 170
Asociaciones y apoyos 172
Otros recursos útiles 172

CONCLUSIONES. CONSTRUIR UN FUTURO INCLUSIVO 179
Viaje hacia la adolescencia 182

BIBLIOGRAFÍA 185
Cuentos 187

SOLICITUD DE EVALUACIÓN PSICOPEDAGÓGICA 189

PRIMERA PARTE

NECESIDADES EDUCATIVAS ESPECIALES: UN CAMINO EN FAMILIA

La crianza de nuestros hijos nos lleva a explorar territorios desconocidos, sobre todo, cuando nos damos cuenta de que nuestro hijo puede tener necesidades educativas especiales. Este libro busca dar las claves para ayudar a nuestros niños de la mejor manera, y en esta primera parte ofrece una guía con la que abordar las principales preguntas que surgen en este viaje. Comenzaremos explorando las necesidades educativas más comunes en la infancia y descifraremos las señales que podrían indicar que algo necesita nuestra atención. Así, seremos capaces de reconocer cuándo es el momento de tomar decisiones.

La falta de información general sobre las necesidades especiales hace que, cuando detectamos ciertos signos, las familias podamos preocuparnos. Por eso, es fundamental contar con los conocimientos apropiados. A través de estas páginas tendremos una orientación sobre cómo abordar estas situaciones y actuar de manera informada: veremos el camino completo, desde el momento en el que detectamos las señales de que puede existir una necesidad especial hasta el trato con el centro educativo, pasando por las confrontaciones que pueden surgir en el proceso de solicitar una evaluación y en la relación con la institución educativa.

Además, profundizaremos en los detalles del informe de evaluación psicopedagógica, algo que puede aparentar ser complejo pero que, con las claves necesarias, nos ayudará a entender las medidas que el sistema educativo puede ofrecernos. Comprender estas fases iniciales es muy importante para ser capaces de tomar decisiones informadas y ganar confianza en la búsqueda de apoyo para nuestros hijos.

La noticia de que nuestro hijo tiene necesidades educativas especiales marca un punto de inflexión en la vida familiar. Por este motivo, también trataremos las mejores maneras de gestionar esa noticia, sus impactos en las relaciones familiares y las estrategias fundamentales para afrontar los desafíos que se presentan. Además, hablaremos del estigma que rodea a las necesidades educativas especiales, para enfrentarnos a él con perspectivas positivas y constructivas.

Por último, no podemos olvidar que entender las necesidades desde los ojos del niño es la base de todo este proceso, ya que él será el verdadero protagonista de su aprendizaje. En este contexto, la familia es el pilar fundamental para su desarrollo exitoso, y por ello se presentarán estrategias concretas para realizar actividades lúdicas en familia. Este tipo de juegos no solo fomentan el aprendizaje, sino que también crean espacios de seguridad y fortalecen el vínculo de la familia. Este libro servirá como faro para encontrar respuestas hacia el aprendizaje compartido.

CAPÍTULO I

¿QUÉ OCURRE CUANDO MI HIJO TIENE UNA NECESIDAD EDUCATIVA ESPECIAL?

Cuando tenía 7 años estaba jugando con mi hermano mayor y empecé a sentir una sensación extraña en la boca. Nos asustamos muchísimo porque no solo era una sensación, externamente se me veía como paralizada, incluso babeaba un poco. A los dos días me volvió a ocurrir y decidí hablar con mis padres. Nunca había visto a mi madre llorar hasta el día que le contaron que tenía epilepsia infantil focalizada en la zona bucal. No es una necesidad educativa especial como tal, pero sí afecta a la vida escolar. Entre otras consecuencias estaban el absentismo por acudir a citas médicas, los momentos de querer salir corriendo del aula por un ataque o la imposibilidad de acudir a excursiones y ciertas actividades por la medicación.

Cuando recuerdo esta experiencia desde la distancia de los 25 años que me separan de ella, creo que ninguna familia está preparada para enfrentarse a la posibilidad de que sus hijos tengan una dificultad, necesidad o enfermedad y mucho menos que esto pueda afectar a su vida personal, académica y social. Mis padres lo hicieron de la mejor manera que sabían e imagino que todas las familias pasan por lo mismo, pero también creo que es importante saber cómo prepararse a nivel psicológico, emocional y formativo para poder superar todas estas dificultades.

La paternidad, maternidad y la crianza son un reto desde el momento que sentimos que estamos creando vida. A partir de ese instante, nuestra capacidad de observación está más activa que nunca. Para algunas madres, desde el embarazo ya empiezan a cuestionarse si sienten a su bebé, si se mueve, si estará bien con su rutina diaria. Para otros, como los padres adoptivos, el reto comienza con la preparación y adaptación para recibir al niño, asegurándose de que todo esté listo y de que podrán brindarle el amor y el cuidado que necesita desde el primer momento. Una vez que llega el niño empiezan los miedos y las primeras noches, algunos padres y madres incluso comprueban varias veces si respira, si los mira cuando se dirigen a él, si gira los ojos cuando le llaman por su nombre y si va cumpliendo esos hitos del desarrollo que se leen en todos los libros de ayuda.

Desde los primeros días de vida hasta la adolescencia, solemos estar atentos a cualquier señal que sea diferente a lo previsto. Gracias a esto podemos celebrar los logros, pero también tenemos la oportunidad de identificar posibles necesidades educativas que requieran que ayudemos a nuestro hijo de manera personalizada.

¿Cuáles son las necesidades educativas especiales más frecuentes en la infancia?

Dependiendo del lugar del mundo en el que nos encontremos podemos oír hablar de necesidades educativas especiales o de necesidades específicas de apoyo educativo. En este libro vamos a usar el término **necesidades educativas especiales** para referirnos a ciertas necesidades que, por sus diferencias (ya sean a nivel personal, físico, intelectual, sensorial o conductual), requieren una ayuda o atención específica.

En el momento en el que se identifican estas necesidades, es importante tener claro que, aunque en ocasiones esta etiqueta puede ir ligada a un diagnóstico médico como cualquier tipo de discapacidad o trastorno, no siempre es el caso. Es decir, cuando recibimos esa etiqueta de necesidad educativa especial por parte del centro educativo no estamos recibiendo un diagnóstico médico. Se trata de una identificación a nivel educativo cuyo objetivo es reconocer y abordar las barreras que nuestro hijo pueda enfrentar en su proceso de aprendizaje. Mientras que un diagnóstico médico se centra en identificar y tratar una condición de salud específica, la identificación de necesidades educativas especiales se enfoca en adaptar el entorno educativo y las estrategias de enseñanza para apoyar mejor al niño. Esta distinción es crucial para entender que la finalidad de la identificación educativa es proporcionar los recursos y ajustes necesarios para facilitar el éxito académico y personal del estudiante, independientemente de que exista o no una condición médica.

A lo largo de este libro vamos a profundizar en algunas de estas necesidades, pero antes de avanzar es importante definir con claridad cuáles son las más comunes y entender qué significan.

DISCAPACIDADES	Situación que limita la capacidad de una persona para llevar a cabo actividades cotidianas, ya sea por alteraciones físicas o mentales. • Niños con problemas de movilidad (discapacidad física) • Niños con sordera o dificultades auditivas (discapacidad auditiva) • Niños con ceguera o dificultades en la visión que no son operables o corregibles (discapacidad visual) • Niños con limitaciones en el funcionamiento intelectual y en las habilidades de adaptación (discapacidad intelectual)
TRASTORNOS DEL ESPECTRO AUTISTA	Dificultades en la comunicación y la interacción social, con comportamiento repetitivos y movimientos involuntarios (como aleteos, por ejemplo), rigidez de pensamiento y comportamiento.
TRASTORNOS DEL DESARROLLO DEL LENGUAJE Y DE LA COMUNICACIÓN	Dificultades muy importantes en la capacidad de expresar y comprender el lenguaje y que afectan a la comunicación y al aprendizaje.
TRASTORNOS POR DÉFICIT DE ATENCIÓN E HIPERACTIVIDAD	Dificultades caracterizadas por la falta de atención, impulsividad y, en algunos casos, hiperactividad, con consecuencias en el rendimiento académico y social.

Dificultades específicas de aprendizaje	Dificultades persistentes en adquirir habilidades académicas específicas, como lectura (dislexia), escritura (disortografía y disgrafía) o matemáticas (discalculia), a pesar de tener un desarrollo intelectual normal.
Trastornos graves de conducta	Patrones persistentes de comportamiento antisocial, agresivo o desafiante que afectan negativamente el entorno escolar y social.
Retraso madurativo	Desarrollo más lento de las habilidades motrices, cognitivas o sociales en comparación con el desarrollo típico para la edad correspondiente. Si se mantiene en el tiempo suele derivar en otra necesidad de esta tabla.
Altas capacidades	Situación caracterizada por una capacidad intelectual, una creatividad y una habilidad de resolución de problemas y pensamiento abstracto superior a la media.
Enfermedades raras y crónicas	Afectan a un pequeño porcentaje de la población y, por su desconocimiento, presentan desafíos que pueden afectar al aprendizaje.
Enfermedades crónicas	Afecciones de larga duración que pueden afectar en el aprendizaje, como la epilepsia, la diabetes, el asma o las enfermedades cardíacas congénitas.

Para poder entender y brindar apoyo a nuestros hijos, el primer paso es familiarizarnos con las dificultades que pueden llegar a tener. Para ello, la observación es fundamental y esta tiene que ir más allá de fijarnos en el crecimiento físico. Se trata de estar presentes en el día a día y notar los detalles de su comportamiento, comunicación y habilidades sociales.

Una herramienta útil para evaluar el crecimiento de nuestro hijo son los **hitos de desarrollo**. Estos hitos son los logros que indican cómo está creciendo el niño: cosas como la primera sonrisa, los primeros pasos, o cuando comienzan a decir sus primeras palabras. Son señales que nos indican que está progresando en áreas como el lenguaje, la motricidad, la socialización y la inteligencia en ciertos puntos de su infancia. Estos logros nos ayudan a entender si están alcanzando las cosas que se consideran normales para su edad, aunque, como veremos más adelante, existe cierto margen de variabilidad, porque **no todos los niños se desarrollan de la misma forma.** Dentro de estos márgenes, cuando un niño alcanza los hitos de desarrollo típicos se establece una base sólida para su educación futura. En cambio, si notamos que algo no está en línea con estos hitos, podemos tomar medidas tempranas para ofrecerles el apoyo que puedan necesitar y verificar si existe una necesidad especial.

Estar familiarizados con estos hitos proporciona una guía útil para que los padres puedan asegurarse de que sus hijos están teniendo el desarrollo esperado o si, por el contrario, pueden tener alguna dificultad o necesidad educativa especial como pueden ser la dislexia, el trastorno por déficit de atención e hiperactividad o las altas capacidades.

¿Cuándo debo ponerme en marcha?

El crecimiento de cada niño **es un proceso único** y aunque los pasos que dan pueden variar, hay señales importantes que los padres y familias pueden observar. Por ejemplo, problemas persistentes para hablar, retrasos notables al aprender a caminar o dificultades en las relaciones sociales podrían ser señales de que el niño necesita un poquito más de apoyo. Estar atentos a estas señales, especialmente en la etapa preescolar nos ayuda a intervenir temprano y, además, puede marcar una gran diferencia en la vida escolar y emocional de nuestros niños.

Es decir, la comprensión de estos hitos en la etapa de educación infantil y comienzos de primaria sirve como una brújula para detectar posibles necesidades especiales a una edad temprana, además de proporcionar una guía sobre el progreso en áreas como el lenguaje, la socialización, las habilidades motoras y la lectoescritura.

Tengamos muy presente que **cada niño es único y crece a su propio ritmo**, por lo que estos hitos serán orientativos y la situación no debería tratarse como una necesidad especial hasta que haya un desfase mayor a un año. Por ejemplo, que un niño no hable a los 2 años no suele ser lo habitual, pero para que haya que intervenir deberíamos observar otros detalles como que no genere ninguna frase sencilla, que solo emita sonidos y haga gestos para comunicarse o que no pueda seguir nuestras indicaciones.

Es importarte recalcar que el apoyo y la estimulación que les proporcionamos en cada paso resultan esenciales para su desarrollo saludable. Muchas de las cosas que aprenden, como hablar o caminar, las hacen mediante un proceso de imitación, así que como padres, familiares y cuidadores nuestro ejemplo y estímulo son elementos claves para su desarrollo. Sin embargo, estar presentes y dar ejemplo no significa que tengamos que hacerlo todo por ellos: si les damos espacio para hacer cosas por sí mismos y les ofrecemos los estímulos adecuados, estarán más preparados para alcanzar esos pequeños logros, aunque cada uno lo haga a su manera y a su ritmo.

Los hitos del desarrollo más reseñables son los siguientes:

De 0 a 12 meses

Desarrollo del lenguaje:

- ✓ Responden a sonidos familiares.
- ✓ Siguen con la mirada a la persona que habla.
- ✓ Por ejemplo, emiten balbuceos, imitan los sonidos, aparecen las primeras vocalizaciones, como «bababa», «dadada», «babu-babu».

Desarrollo cognitivo:

- ✓ Pueden explorar a través de los sentidos.
- ✓ Se desarrolla la coordinación visual y motora.
- ✓ Por ejemplo, cuando se le acerca un objeto lo agarra, apila bloques en torre o consigue dar palmas al ritmo de una canción.

Desarrollo social y emocional:

- ✓ Desarrollan apego a sus cuidadores principales, por ejemplo, buscan su cercanía para sentirse seguros.
- ✓ Expresan emociones básicas como alegría (sonrisa, balbuceo), tristeza (llanto, pucheros) y miedo (llanto intenso, paralización).

Desarrollo motor:

- ✓ Muestran reflejos y logran rodar y sentarse, así como agarrar objetos y la coordinación mano-ojo.
- ✓ Por ejemplo, cuando acercamos un juguete a sus manos es capaz de llevar la mano hacia él.

Desarrollo de la lectoescritura:

- ✓ Desarrollan la conciencia visual y auditiva a través de libros de tela y sonidos. Por ejemplo, jugar a juegos como «cucú tras» o imitar gestos mejora la conciencia visual y auditiva.
- ✓ Mejoran el agarre de objetos pequeños y la coordinación de las manos. Golpear objetos, meterlos y sacarlos de un recipiente, apilar bloques o llevarse elementos a la boca mejora su coordinación manual.

De 1 a 2 años

Desarrollo del lenguaje:

- ✓ Comprenden instrucciones sencillas, señalan objetos familiares.
- ✓ Pronuncian sus primeras palabras, usan gestos e inician la combinación de palabras, aunque sea de un modo telegráfico. Por ejemplo, «mío juguete», «quiero galleta»…

Desarrollo cognitivo:

- ✓ Desarrollan el concepto de permanencia del objeto, por ejemplo, cuando jugamos a escondernos, entienden que estamos ahí y que no hemos desaparecido.
- ✓ Les interesa el juego simbólico, por ejemplo, jugar a las casitas o a ser médicos.

Desarrollo social y emocional:

- ✓ Se inician en el juego paralelo donde juegan juntos en el mismo espacio, pero no interactúan en exceso durante el juego.
- ✓ Empiezan a interactuar con otros niños, desarrollan la autonomía emocional. Por ejemplo, pueden entender y gestionar que otros niños les digan que no cuando quieren jugar.
- ✓ Inician la expresión de emociones complejas, por ejemplo, reaccionan a la vergüenza, la culpa o el orgullo bajando la mirada, sonrojándose o sonriendo con satisfacción.

Desarrollo motor:

- ✓ Dan los primeros pasos y aumentan su coordinación motora gruesa, que es la que permite hacer movimientos coordinados y con dirección. Por ejemplo, lanzar una pelota, usar cucharas o tazas.
- ✓ Desarrollan las habilidades motoras finas (las referidas a nuestras manos). Pueden jugar con plastilina, sujetar lápices para garabatear…

Desarrollo de la lectoescritura:

- ✓ Reconocen las imágenes de los libros. Por ejemplo, señalan imágenes familiares como animales, personas u objetos familiares (juguetes, ropa, comida).
- ✓ Imitan trazos al dibujar.
- ✓ Inician la comprensión de algunas letras y símbolos si se los enseñamos. Por ejemplo, garabatean el papel, imitan los trazos que hagamos con ellos (vertical, horizontal o circular).

De 2 a 3 años

Desarrollo del lenguaje:

- ✓ Comprenden preguntas sencillas.
- ✓ Su vocabulario va aumentando, usan frases cortas y narración básica. Por ejemplo, pasan de decir solo «parque» a «quiero ir al parque».
- ✓ Siguen instrucciones en dos pasos, como «ve a la cocina y coge la caja de galletas».

Desarrollo cognitivo:

- ✓ Se mejora la coordinación de motricidad fina: manejan mejor las habilidades manuales para explorar el entorno que los rodea.
- ✓ Desarrollan su pensamiento simbólico.
- ✓ Muestran una mayor comprensión del tiempo y del espacio.

- ✓ El juego simbólico se hace más concreto y complejo: cuando juegan con construcciones, pueden decir que han hecho una casa para monstruos o una casa para animales.

Desarrollo social y emocional:

- ✓ Comienzan a darse el juego cooperativo e interacción más compleja con compañeros.
- ✓ Tienen una mayor comprensión y expresión de emociones.
- ✓ Empiezan a desarrollar el autoconcepto, e identifican sus capacidades. Por ejemplo, si pinta un coche con muchos colores y sus padres le dicen que es muy bonito, él valora sus capacidades: puede que sonría y diga con entusiasmo que lo ha hecho él y que ha quedado genial.

Desarrollo motor:

- ✓ Demuestran una mayor habilidad al correr y saltar.
- ✓ Pueden llevar a cabo actividades manipulativas, como coger los lápices con intención de dibujar-escribir o hacer construcción con bloques.

Desarrollo de la lectoescritura:

- ✓ Participan de manera activa en la lectura de cuentos. Por ejemplo, se sientan a escuchar, señalan las imágenes, hacen preguntas y repiten algunas palabras o frases.

- ✓ Experimentan con los primeros garabatos más controlados, imitando letras o símbolos.
- ✓ Reconocen algunas letras y palabras familiares, aunque no las lean todavía, sino que las interpretan como si fueran iconos.
- ✓ Comienzan a diferenciar entre dibujo-letra.

De 4 a 5 años

Desarrollo del lenguaje:

- ✓ Son capaces de seguir instrucciones más complejas, como «Vamos a hacer una tarjeta de cumple a la abuelita».
- ✓ Comprenden historias simples.
- ✓ Usan conectores y establecen relaciones de causa y efecto. Consiguen contar historias con mayor coherencia, con orden temporal, personajes, escenarios y clímax. Por ejemplo, podrían decir «Un día fui al parque con mi amigo Pedro y vimos patos. Nos lo pasamos muy bien, pero, de repente, empezó a llover muy fuerte, así que corrimos a casa».
- ✓ Pueden describir reacciones y emociones; comprender mejor las experiencias humanas.

Desarrollo cognitivo:

- ✓ Desarrollan el pensamiento lógico, y clasifican objetos según sus características.
- ✓ Desarrollan la resolución de problemas simples.

- ✓ Son capaces de clasificar objetos según su color, forma o tamaño; o según jerarquías como animales, mamíferos o perros.

Desarrollo social y emocional:

- ✓ Se empiezan a dar las primeras amistades y la participación en actividades grupales.
- ✓ Empiezan a mostrar empatía y comprensión de algunas emociones de los demás. Por ejemplo, cuando ven a otro niño llorar y le dan un abrazo.
- ✓ Juegan con otros niños y comparten sus juguetes.

Desarrollo motor:

- ✓ Muestran habilidades de equilibrio más avanzadas y pueden participar en deportes simples. Por ejemplo, caminar sobre una línea recta, suben-bajan escaleras sin ayuda, saltan a la pata coja.
- ✓ Tienen una mayor precisión en actividades como recortar y dibujar. Por ejemplo, colorean dentro de las líneas o ensartan cuentas en hilos.

Desarrollo de la lectoescritura:

- ✓ Aumentan su interés por los cuentos e historias más largas.
- ✓ Desarrollan las habilidades de preescritura con garabatos mucho más definidos.

- ✓ Reconocen letras, sobre todo, las de su nombre o nombres de sus compañeros. Con 5 años algunos niños ya leen algunas palabras, dependiendo de la estimulación que reciban.
- ✓ Son capaces de escuchar con atención, mostrando interés en los personajes, la trama y el desenlace. Inventan sus propias historias y disfrutan de la lectura de cuentos por sí mismos.

A LOS 6 AÑOS

Desarrollo del lenguaje:

- ✓ Comprenden conceptos más abstractos como la justicia o el paso del tiempo.
- ✓ Siguen instrucciones más detalladas.
- ✓ Se desarrollan las primeras habilidades de lectura y escritura y se observa mayor complejidad en la expresión verbal. Por ejemplo, mientras que con 4 años pueden decir «Me gusta jugar con mis coches», con 6 años serán capaces de decir «¡Qué divertido es jugar con mis coches! Hago competiciones con ellos y a veces salen volando».

Desarrollo cognitivo:

- ✓ Desarrollan las habilidades matemáticas básicas como contar hasta 20, reconocer números, diferenciar tamaños y figuras geométricas y usar los conceptos «más que», «menos que» o «igual».

- ✓ Muestran comprensión de problemas sencillos como «Si tengo 3 manzanas y te doy una ¿cuántas me quedan?».
- ✓ Entienden algunos conceptos abstractos como el tiempo (ayer, hoy y mañana).

Desarrollo social y emocional:

- ✓ Muestran una mayor independencia en actividades sociales y en el trabajo en equipo.
- ✓ Comprenden las normas sociales y de comportamiento.
- ✓ Aumenta su capacidad para esperar el turno y controlar sus impulsos.
- ✓ Juegan en grupos más grandes o ayudan a otros niños sin necesidad de que se lo pidan.
- ✓ Entienden que deben saludar al llegar y despedirse al irse, pedir las cosas por favor, dar las gracias, etc.

Desarrollo motor:

- ✓ Muestran un mayor desarrollo en habilidades deportivas más complejas. Corren, saltan y lanzan una pelota con mayor precisión. Pueden andar en bicicleta con seguridad y pueden participar en deportes en equipo.
- ✓ Mayor destreza en actividades manuales, como escribir palabras sencillas y manipular objetos pequeños como botones, cuentas y monedas.

Desarrollo de la lectoescritura:

- ✓ Escriben letras y números con mayor precisión.

- ✓ Escriben palabras sencillas, como su nombre y otras palabras familiares, y oraciones cortas.
- ✓ Empiezan a entender la relación entre los sonidos y las letras.
- ✓ Muestran más interés en leer de manera independiente.
- ✓ Comienzan a comprender lo que leen y disfrutan de una mayor variedad de lecturas (cuentos, cómics y revistas)

A PARTIR DE LOS 8 AÑOS

Desarrollo del lenguaje:

- ✓ Entienden conceptos más profundos y pueden hablar sobre la bondad, la moral, el futuro o explicar experiencias personales.
- ✓ Expresan ideas de manera más elaborada. Comienzan a utilizar metáforas, ironía y lenguaje figurado.
- ✓ Empiezan a usar expresiones como «Fue como una montaña rusa», «La clase parece un congelador» o «Es que está en las nubes».

Desarrollo cognitivo:

- ✓ Mejoran la capacidad de razonamiento deductivo e inductivo que permite hacer generalizaciones, como saber que todas las aves tienen alas, descubrir que un pingüino es un ave y deducir que por ese motivo va a tener alas.
- ✓ Comprenden las relaciones causa-efecto, como si un día de lluvia olvido el paraguas (causa), me mojaré (efecto).

- ✓ Mejoran su capacidad de memorización y desarrollan el pensamiento crítico y la visualización de diferentes perspectivas.

Desarrollo social y emocional:

- ✓ Consolidan su identidad personal y empiezan a formar amistades más sólidas.
- ✓ Desarrollan habilidades sociales más complejas como la capacidad de negociación a la hora de jugar.
- ✓ Muestran una mayor empatía y comprensión frente a las emociones de los demás.
- ✓ Aumenta la autonomía y la toma de decisiones, así como el autocontrol y la regulación emocional. Por ejemplo, durante un partido de fútbol, un niño se puede sentir frustrado por un error que cometió. En lugar de reaccionar con ira o berrinches, utiliza estrategias de autocontrol para calmarse.
- ✓ Forman grupos de amigos con intereses compartidos, y colaboran en juegos y actividades extracurriculares.
- ✓ Dialogan para solucionar los conflictos y actúan como intermediarios entre sus compañeros.

Desarrollo motor:

- ✓ Mejoran su destreza manual con herramientas pequeñas, como pequeñas tipo bloques LEGO o pinceles finos.
- ✓ Tienen mayor habilidad en deportes y juegos que implican movimientos corporales más precisos como el tiro con arco, la gimnasia rítmica o el karate.

✓ Aumenta la resistencia física para participar en actividades más prolongadas.

Desarrollo de la lectoescritura:

✓ Leen de manera más fluida textos más complejos como libros con capítulos, novelas o artículos informativos.
✓ Escriben oraciones y párrafos más elaborados.
✓ Comienzan a entender las reglas gramaticales y ortográficas.
✓ Identifican diferentes tipos de textos.
✓ Pueden revisar y editar sus escritos para mejorar claridad y precisión.

Si observamos que nuestros niños no han cumplido varios de estos hitos, teniendo en cuenta el margen temporal indicado, el primer paso es buscar orientación y apoyo en los profesionales de la salud y los educadores. De esta forma podremos despejar posibles dudas y saber si nos encontramos ante una necesidad educativa especial. La detección temprana es clave, y trabajar en colaboración con expertos nos ayuda a entender mejor las necesidades especiales de nuestro hijo y a crear un camino de aprendizaje adaptado a sus características únicas. En estas situaciones, el apoyo y la comprensión son poderosos aliados para asegurar que nuestros pequeños reciban la atención adecuada y tengan la oportunidad de avanzar en su desarrollo.

¿CÓMO SE DETECTAN LAS NECESIDADES EDUCATIVAS ESPECIALES?

Es fundamental reconocer y abordar las posibles dificultades en el desarrollo de nuestros niños desde los primeros años, ya que en este momento la plasticidad cerebral ofrece una oportunidad única para el aprendizaje y la adaptación. Por ello, la **intervención temprana** es una herramienta crucial.

En este contexto educativo, la detección temprana por parte de las familias tiene un papel fundamental y complementa la labor escolar. Para conseguir esto, debemos actuar de manera proactiva ante dificultades potenciales, ya que marca la diferencia en el desarrollo de los niños. Si logramos identificar y abordar estas necesidades desde el principio no solo ayudamos a minimizar los desafíos, sino que también **maximizamos el potencial de aprendizaje de nuestros pequeños.** Juntos, como equipo, podemos contribuir de manera significativa al crecimiento y bienestar de nuestros hijos.

Una vez hemos identificado las necesidades de los niños, podemos ofrecerles adaptaciones en el entorno educativo para facilitar su camino y asegurar que el proceso de aprendizaje sea efectivo. Además, esto los ayudará a fortalecer sus habilidades emocionales y sociales, que también pueden verse condicionadas por sus necesidades especiales.

Por ejemplo, un niño con dislexia podría beneficiarse de estrategias específicas de lectura, como el uso de tecnologías de apoyo o la adaptación de materiales escritos. De manera similar, un estudiante con trastorno por déficit de atención e hiperactividad (TDAH) puede necesitar estrategias específicas para mejorar la atención y la concentración, como dividir las tareas en pasos más pequeños, tomar descansos frecuentes o utilizar un temporizador. La intervención temprana es un escudo frente el fracaso escolar y allana el camino para cada cambio de etapa educativa: de infantil a primaria, de primaria a secundaria y posteriores. De esta forma, mejoramos el presente de los niños, pero también **invertimos en su futuro y prevenimos posibles dificultades** más adelante. Las necesidades educativas especiales son muy diversas y describiremos las más frecuentes detalladamente en los próximos capítulos.

Ahora que entendemos la importancia de la detección temprana, hay algo que se hace evidente: las familias son los mejores apoyos de los niños. La detección temprana no solo nos da una visión más clara de las necesidades especiales de nuestros pequeños, también nos empodera para abogar por ellas y nos anima a colaborar desde el principio con docentes y profesionales educativos. Con esto, se facilita la creación de planes educativos personalizados y estrategias de apoyo más efectivas y se adapta el entorno familiar y escolar de la forma más conveniente para satisfacer las necesidades específicas de cada niño.

Familias, vosotras sois las mejores observadoras y defensoras de vuestro tesoro más preciado. Estar atentos a las señales y actuar en consecuencia os convierte en los colaboradores más valiosos en el viaje educativo. Vuestra disposición para buscar información, colaborar con profesionales y alzar la voz para pedir que se atiendan las necesidades especiales de vuestros hijos es **la clave para un camino educativo lleno de éxitos y satisfacciones.**

Dentro del proceso educativo, la **solicitud de evaluación de necesidades educativas especiales** es un paso determinante para garantizar que los niños reciban el apoyo necesario. Con las herramientas y recursos de este libro, las familias podéis conocer mejor este proceso y manejar esas situaciones en las que el centro educativo no pueda proporcionar la ayuda necesaria por diversas razones o lo haga de manera limitada.

En resumen, la detección temprana abre la puerta a una intervención oportuna y personalizada, lo que aumenta las posibilidades de conseguir el éxito académico, social y emocional para todos los niños. La colaboración estrecha entre las familias y los profesionales de la educación es clave para garantizar un enfoque integrador y centrado en el niño. Juntos, podemos construir un camino educativo que se adapte a las necesidades individuales de cada estudiante, fomentando así un desarrollo pleno y exitoso.

HE DETECTADO ALGUNO DE ESTOS SIGNOS EN MI HIJO. ¿Y AHORA QUÉ?

Si has detectado o sospechas que tu hijo pueda tener una necesidad educativa especial, el primer paso es conocer los procedimientos establecidos por las autoridades educativas para solicitar una evaluación formal que asegure un correcto desarrollo académico de tu niño. Para empezar este proceso se necesita una **solicitud formal** dirigida al centro educativo y, más concretamente, al equipo de orientación educativa de la escuela.

Existen dos itinerarios posibles ante la detección de una necesidad educativa especial:

- ✓ **Proceso sanitario.** Si observamos que nuestro hijo presenta dificultades de desarrollo, aprendizaje o comportamiento que nos parecen más graves de lo normal, es importante que lo consultes con su pediatra. El pediatra evaluará y podrá descartar cualquier causa médica subyacente que pueda estar originando sus dificultades. Si el pediatra sospecha de una condición médica, te remitirá a un especialista para que realice un diagnóstico más completo. Si se confirma un diagnóstico médico que pueda estar relacionado con las dificultades educativas de tu hijo, el especialista te proporcionará información sobre la condición y las opciones de tratamiento disponibles. Las más habituales son las discapacidades (física, motora, visual o auditiva), el trastorno del espectro del autismo (TEA) de grados severos o profundos o algunos síndromes o trastornos que conllevarán dificultades educativas como el Síndrome de Down. Tras el diagnóstico médico siempre se realizará una identificación educativa.
- ✓ **Proceso educativo.** Este proceso puede venir derivado de un diagnóstico médico o de una sospecha de dificultad educativa que no conlleva un diagnóstico médico (dislexia, altas capacidades o TDAH sin medicación). Sea como sea, es importante que se realice una evaluación educativa completa para determinar sus necesidades educativas específicas, más allá de los

síntomas médicos que puedan existir. Esta evaluación la realizará un equipo de profesionales cualificados, que incluirá a psicólogos, pedagogos y otros especialistas que forman el equipo de orientación educativa. La evaluación identificará las fortalezas y debilidades de nuestro hijo y determinará qué tipo de apoyos y servicios necesita para tener éxito en la escuela.

Estos dos procesos pueden darse en cualquier orden o de manera simultánea. Como padres podemos sospechar que nuestro hijo tiene un problema de desarrollo o aprendizaje en edad no escolar, acudir al pediatra y ser diagnosticado de algún tipo de trastorno o discapacidad. Una vez que se incorpora a la vida escolar se realizará una evaluación psicopedagógica para determinar sus necesidades educativas. Por otro lado, como padres podemos pasar por alto esas dificultades y que sea el propio centro educativo quien detecte alguna anomalía y posteriormente acudir al pediatra para recibir apoyo médico. Por último, cabe la posibilidad de que sea una dificultad educativa que nada tiene que ver con un diagnóstico médico y por tanto no será necesario acudir al pediatra.

Mantener una relación abierta y fluida con el centro educativo facilitará el proceso de solicitud de la evaluación. La comunicación regular con los docentes y el personal educativo puede facilitar la identificación temprana de posibles necesidades y ayudar en la planificación de **estrategias de apoyo.**

Si se dan estas circunstancias, una simple charla con el docente tutor puede poner en marcha el proceso de la evaluación psicopedagógica, ya que los tutores pueden solicitar la evaluación al equipo de orientación educativa o facilitar el modelo de solicitud para que la familia lo rellene

Si la relación no es tan fluida o el docente tutor no lo ve claro, las propias familias pueden redactar una carta (ver el modelo al final del libro). A través de ella se solicita la evaluación de las necesidades educativas del menor. Esta carta incluirá información sobre las preocupaciones específicas sobre el niño y cualquier evaluación o diagnóstico médico o psicopedagógico previo y externo al centro si lo hubiese. En algunos casos, estas evaluaciones externas pueden ser un complemento, mientras que en otros pueden ser obligatorios.

Lo más normal es que tras recibir la solicitud el equipo de orientación educativa del centro inicie un proceso de evaluación. Este proceso implica la recopilación de información, entrevistas con los docentes y la familia, la observación del niño en el entorno escolar y, en algunos casos, la realización de pruebas específicas de evaluación del rendimiento y el desarrollo como pruebas de inteligencia, habilidades académicas, desarrollo del lenguaje, habilidades motoras, habilidades socioemocionales, entre otras.

Una vez completada la evaluación, el centro suele proponer una reunión a la familia y da una respuesta por escrito, que incluye información sobre las decisiones educativas que se han tomado, los apoyos propuestos y cualquier recurso adicional que pueda ser necesario.

Las familias deben conocer el proceso y tener en cuenta que, por norma general, los plazos de evaluación dependen del centro educativo en el que nos encontremos. Los plazos de respuesta pueden variar de los 3 hasta los 9-12 meses.

Cuando el proceso de evaluación psicopedagógica se prolonga más de lo previsto es normal que las familias sientan preocupación y muestren ansiedad. Generalmente no es por dejadez o por elección propia, en muchos casos los centros educativos están sobrepasados y cuentan con pocos recursos en el ámbito de la orientación, que son los encargados de evaluar e identificar a los niños. Pero incluso ante esta situación, las familias tienen opciones y recursos que pueden aprovechar.

En primer lugar, es fundamental mantener una **comunicación abierta y frecuente** con los profesionales involucrados en el proceso, en este caso, los educadores y el equipo de apoyo psicopedagógico. Preguntar sobre el progreso y los plazos previstos puede proporcionar claridad y tranquilidad. Aunque las necesidades educativas especiales no estén aún identificadas al 100 % por el orientador, el centro establecerá pautas y estrategias temporales para poder atender las necesidades más urgentes del alumno, mientras llega la evaluación definitiva.

Durante este periodo de espera puede resultar beneficioso buscar apoyo externo en, por ejemplo, asociaciones locales, gabinetes psicopedagógicos privados, grupos de apoyo para padres y profesionales independientes. Al compartir experiencias con otras familias que han pasado por procesos similares y recibir orientación se puede obtener información útil y sentirse apoyado emocionalmente en este proceso.

No debemos olvidar que, a pesar de las demoras, el objetivo principal del centro educativo es proporcionar el mejor apoyo posible para el desarrollo del niño. La paciencia y la perseverancia son virtudes muy importantes en este proceso.

¿QUÉ PUEDO HACER SI EL CENTRO NO COLABORA EN LA OBTENCIÓN DE LA EVALUACIÓN PSICOPEDAGÓGICA?

Imaginemos el siguiente escenario: una familia solicita ayuda para su hijo en el colegio, pero el centro educativo parece resistirse a llevar a cabo una evaluación psicopedagógica o a ofrecer el apoyo necesario. En este caso, no debemos caer en el desánimo: las familias tienen el derecho de **apelar esa decisión.** Esta no es solo una herramienta legal, sino también una forma práctica de asegurarnos de que los niños reciban la atención y el apoyo que necesitan.

Si el proceso se estanca, podemos dar un paso más y apelar a la consejería e inspección educativa. Estas instancias no solo son nombres rimbombantes o instituciones lejanas, su función es resolver los problemas en los centros educativos y asegurarse de que los derechos de nuestros hijos se respeten.

¿Cómo podemos hacer esto?

✓ **Recopilación de información**

- Reúne documentación que acredite todo el proceso de solicitud de evaluación y que confirme el estancamiento del proceso (comunicaciones escritas, correos electrónicos, etc.).
- Datos identificativos de tu hijo como el expediente académico, informes psicopedagógicos previos (si los hubiese) y cualquier información relevante relacionada con sus necesidades educativas.
- Familiarízate con la normativa educativa de tu Comunidad Autónoma sobre atención a la diversidad.

Puedes encontrarla en el sitio web de la Consejería de Educación y te ayudará a conocer sus derechos.

✓ **Redacción del escrito de apelación.** Debes comprobar si en tu Comunidad Autónoma hay un modelo de solicitud formal. De no existir, este escrito debería incluir:

- Datos personales de la persona solicitante: nombre, apellidos, DNI, dirección y datos de contacto.
- Datos del estudiante: nombre, apellidos, DNI y centro educativo.
- Exposición de los datos donde se describa de manera clara y concisa la situación, indicando las fechas, las personas implicadas y las acciones realizadas en el proceso de evaluación de las necesidades educativas de tu hijo.
- Explicación de los motivos por los que consideras que el proceso se encuentra en esa situación y vulnera los derechos educativos de tu hijo. Debes fundamentar esto en la normativa educativa y la evidencia recopilada.
- Solicitud clara sobre lo que pretendes conseguir (la evaluación de las necesidades de tu hijo por parte del equipo de orientación educativa).
- Firma el escrito y adjunta la documentación que respalda tu reclamación.

✓ **Presentación del escrito.** Dependiendo de la Comunidad Autónoma se puede presentar de manera telemática en el Portal de Atención Ciudadana de la Consejería, presencial en el Registro General de Educación o en el centro educativo de tu hijo.

✓ **Seguimiento.** La administración, en este caso la Consejería de Educación, tiene un plazo máximo de respuesta que dependerá de la Comunidad Autónoma. Normalmente suele ser entre 1-3 meses. Si no estás satisfecho con la respuesta, puedes presentar un recurso de alzada (que es una reclamación superior a la inicial) ante la Consejería de Educación o acudir a la vía judicial contencioso-administrativa, que permite reclamar las acciones de la Administración Pública.

Este proceso suele ser bastante tedioso y a veces no tenemos los recursos o formación necesaria. Por ello contamos con el asesoramiento y apoyo de las asociaciones de padres y madres de alumnos (AMPA), el defensor de pueblo o sindicatos de enseñanza como CSIF, ANPE o CCOO que podrán ayudarte en este proceso.

Como ya hemos comentado anteriormente, **la colaboración con el centro es clave** porque tanto las familias como el centro educativo tienen un interés común: el bienestar del menor. Incluso si ante un proceso que no avanza se debe acudir a una instancia superior, lo mejor es mantener el diálogo y la voluntad de colaborar juntos y no entrar en una situación de confrontación.

En un momento así, hay que recordar que estás actuando en beneficio de tu hijo. Por eso, a perseverancia y la disposición para colaborar pueden marcar la diferencia. Al ejercer tu derecho a apelar estás avanzando para asegurar que tu hijo reciba la atención educativa que se merece, pero no tiene por qué ser un conflicto con el centro, más bien debería ser otra herramienta para agilizar el proceso.

¿Qué hago después de conseguir el informe de evaluación psicopedagógica?

Recibir el informe psicopedagógico puede ser un momento abrumador, cargado de emociones y, a veces, doloroso. En este momento, es fundamental que la familia se dé un tiempo para asimilar la información antes de tomar decisiones o emprender acciones. El primer paso debe ser analizar el informe, que es como una hoja de ruta que sirve como guía en el proceso educativo de nuestros hijos, y en este momento es completamente normal sentir una mezcla de emociones.

Dedicar el tiempo necesario para procesar la información nos permite gestionar esas emociones y tener más calma antes de dar el siguiente paso. Y, por supuesto, si se necesita apoyo o información adicional para esta gestión, existen recursos externos, como grupos de padres o profesionales de la psicología, que pueden ofrecer orientación.

Una vez que estamos más calmados y hemos pasado por un proceso de aceptación es recomendable tratar de leer detenidamente el informe con el objetivo de buscar información sobre las necesidades y fortalezas, estrategias y apoyos recomendados.

¿Qué incluye el informe?

Los informes de evaluación psicopedagógica, aunque a veces parezcan un poco tediosos y complicados, son herramientas útiles que nos ofrecen una **visión completa del niño y sus necesidades**. Estos informes incluyen los datos personales y del historial del niño, así como observaciones del entorno escolar, calificaciones y adaptación al contexto escolar. Además, recogen toda la información de las entrevistas y observaciones de la familia, los docentes y el resto de profesionales en contacto con el niño.

El informe también detalla las pruebas utilizadas, que van desde el cociente intelectual hasta la evaluación de habilidades cognitivas, emocionales y sociales y se complementa con información médica relevante que pueda afectar el aprendizaje.

La sección de mayor interés para las familias es la que aborda las conclusiones, el diagnóstico, las recomendaciones y las propuestas. Aquí se describen las necesidades educativas especiales identificadas y qué apoyos se planea ofrecer desde el centro, además de recomendaciones para la colaboración familiar. Cuando analizamos esta información, es esencial escuchar a los profesionales educativos; aunque, por supuesto, la familia tiene derecho a debatir y negociar las medidas con las que no esté de acuerdo y buscar soluciones que beneficien al niño en ambos contextos, escolar y familiar. Pero no debemos olvidar que los profesionales educativos, aunque a veces puedan darnos noticias que no nos gustaría escuchar o para las que todavía no estamos preparados en este proceso, también buscan **lo mejor para el desarrollo de nuestros hijos.**

Una vez que la familia ha revisado cuidadosamente el informe y analizado las fortalezas y necesidades de su hijo, así como las estrategias y apoyos establecidos, es recomendable programar una reunión con los profesionales educativos responsables. Por lo general, son ellos quienes coordinan estas reuniones, pero si no es así, hay que solicitar una reunión con el equipo de orientación y el docente tutor. Este encuentro sirve para hacer preguntas, obtener aclaraciones y tratar las recomendaciones.

Además de estos aspectos más formales, la familia tiene la opción de analizar otros apoyos, como programas educativos, terapias y recursos comunitarios disponibles para ese tipo específico de necesidad. También pueden consultar a otras familias y asociaciones que sirven como **grupos de apoyo.**

En cualquier caso, recuerda que cada niño es único, y el acto de apoyar y entender a un niño con necesidades educativas especiales es también único. No dudes en ajustar estos pasos según la situación específica de tu familia.

¿Qué medidas me ofrece el sistema educativo?

El sistema educativo evoluciona constantemente para abordar la diversidad de las necesidades educativas de todos los estudiantes. Actualmente desde la educación se defiende el principio de educación inclusiva, lo que implica incluir a todos los estudiantes, independientemente de sus capacidades, en **colegios ordinarios,** que son los centros educativos habituales de Educación Infantil, Primaria o Secundaria. De manera general, el alumnado con necesidades educativas especiales se escolarizará en este tipo de centros.

Siguiendo el principio de inclusión, cada vez es más habitual encontrar centros de «atención preferente», que son aquellos centros ordinarios en los que escolarizan preferentemente alumnado con algún tipo de necesidad concreta por disponer de más recursos. Por ejemplo, hay centros de escolarización preferente de discapacidad auditiva, visual, motora, altas capacidades o trastorno del espectro del autismo. Además, actualmente, en algunos centros ordinarios también se pueden encontrar aulas específicas donde se derivan algunos tipos de alumnos durante unas horas concretas, aunque luego siguen estando en contacto con todo el alumnado.

En este tipo de escolarización se puede acceder a recursos materiales o personales específicos, como profesorado especialista que se encargará de ofrecer estrategias pedagógicas especiales.

Por otro lado, si nuestro hijo presenta una necesidad educativa especial severa o grave podrá ser derivado a otro tipo de escolarización por parte del equipo de orientación educativa y especificándolo en el informe de evaluación.

La **escolarización específica** se lleva a cabo en centros de educación especial (CEE) en los que disponen de un currículo diferente, menor número de estudiantes por aula, mayor número de personal especialista, y recursos adaptados y especializados. Estos niños requieren un apoyo más intensivo y especializado, ya que presentan discapacidades intelectuales profundas, trastornos del espectro autista severos, trastornos físicos graves o problemas de salud mental graves.

Por último, la **escolarización combinada** se lleva a cabo de manera mixta entre un centro ordinario y un centro específico. El niño participa tanto en el centro específico de educación especial como en el centro educativo regular, asistiendo unos días a cada centro. En el centro específico se da apoyo más especializado a sus necesidades y en el centro ordinario se trata de desarrollar habilidades sociales y relaciones interpersonales. Este tipo de escolarización está pensada para aquellas necesidades que no se podrían desarrollar de manera integral en un centro ordinario porque presentan trastornos del espectro autista que necesitan un apoyo específico, algunos tipos de discapacidad intelectual y discapacidad física leve o moderada y otras necesidades educativas que puedan necesitar esta adaptación.

Además de los tipos de escolarización, debemos saber que en los centros educativos se dispone de posibilidades de apoyo al alumnado como **programas de integración escolar** diseñados para ofrecer apoyo adicional a estudiantes con necesidades educativas. Esto puede incluir la presencia de un maestro de apoyo o adaptaciones para satisfacer las necesidades individuales de estos estudiantes. Para garantizar que la educación se ajuste a todos los estudiantes, independientemente de sus necesidades, se implementan adaptaciones para ajustar el contenido, el modo de enseñanza y el modo de evaluar.

En resumen...

- ✓ Las familias desempeñan un papel fundamental en el desarrollo educativo de sus hijos.
- ✓ La información, la colaboración con el centro educativo y la participación activa en el proceso de evaluación son pasos esenciales para asegurar que los niños reciban el apoyo adecuado y tengan acceso a una educación inclusiva y de calidad.
- ✓ Mantener una comunicación abierta y fluida con el centro educativo facilita el proceso de evaluación psicopedagógica. Pero es importante saber que las familias tienen el derecho de apelar el retraso o paralización de este proceso.
- ✓ El informe psicopedagógico es una guía detallada de las necesidades y fortalezas del niño, incluyendo observaciones, necesidades y recomendaciones.
- ✓ Prestar atención a las señales de desarrollo de nuestros hijos es un acto de amor y responsabilidad. Así, podemos celebrar sus logros y también nos da la oportunidad de reconocer posibles necesidades educativas.

Ser consciente de estas señales y tomar medidas tempranas puede ser la clave para desbloquear el potencial de cada niño al dotarles de las herramientas necesarias para mejorar en su desarrollo académico y personal.

CAPÍTULO II

LA OPORTUNIDAD DE APRENDER CRIANDO A UN NIÑO CON NECESIDADES EDUCATIVAS

Ser padres y criar a uno o varios hijos no es una tarea fácil. La paternidad y la maternidad son viajes llenos de responsabilidades, retos, miedos y alegrías compartidas. Para muchas familias, conciliar las demandas cotidianas ya es un acto difícil de lograr en sí, pero cuando se descubre que un hijo tiene necesidades educativas especiales el viaje se vuelve un poco más complicado. En estos casos, la familia suele sentir que no está preparada psicológicamente para ello y que la sociedad tampoco está preparada al 100 %, porque aún seguimos luchando por la inclusión real. Además, si hablamos de la carga económica, las ayudas y recursos son escasos para muchas de ellas. Esto hace que cuando la familia descubre que uno de sus hijos puede tener una necesidad educativa especial se enfrente a un nuevo panorama de adaptación, resiliencia y necesidad de apoyo.

¿Cómo se gestiona la noticia?

Al enfrentarse a la noticia de que su hijo tiene necesidades educativas especiales, la familia suele verse envuelta en un torbellino de emociones. Cada situación será única, ya que el tipo de necesidad educativa es determinante: no es lo mismo enfrentarnos a cualquier tipo de discapacidad o trastorno grave que a necesidades, igualmente importantes, pero con menos implicaciones para la vida.

También debemos mencionar que no todas las familias pasan por las mismas fases, incluso hay familias que no pasan por casi ninguna y hay otras que pasan por todas y cada una de ellas. Por este motivo, conviene recordar que es totalmente normal que algo así nos afecte a nivel psicológico y personal, sobre todo, cuando hablamos de necesidades educativas más complicadas.

Inicialmente, pueden reinar la **confusión y el *shock*,** lo que genera un cierto aturdimiento ante la nueva realidad. Esto se debe en gran medida a ese desconocimiento de todo lo que ocurrirá con el paso del tiempo, y a las dudas sobre si sabremos ayudarle y si conseguiremos que todo vaya bien.

También puede aparecer la **negación,** como una capa protectora que intenta amortiguar el impacto de la noticia y hace cuestionarse si esta noticia podría ser reversible o deberse a un error. Es habitual pedir varias opiniones educativas, psicológicas o médicas que ayuden a aclarar la situación. Esta actitud de negación puede hacer que, en ocasiones, se debatan los resultados, aunque en el fondo se sepa que son ciertos.

Tras el *shock* y la negación puede llegar la **reacción emocional** y, con frecuencia, surge un cóctel de sentimientos abrumadores. La culpa, el miedo y el enfado se pueden entrelazar y formar una red de emociones difíciles de descifrar. Es posible que nos culpemos a nosotros mismos por algo que no sabemos si podríamos haber cambiado, que nos asalte el temor por el futuro incierto y, en ocasiones, que la ira se dirija hacia el sistema educativo o incluso hacia nosotros mismos, como si hubiéramos podido prevenir esta situación.

Estas emociones pueden afectar de muchas formas diferentes. Por ejemplo, el miedo se manifiesta en preguntas sin respuesta: ¿Cómo afectará esto a nuestro hijo? ¿Seremos capaces de proporcionar el apoyo necesario? La sensación de fracaso puede inundarlo todo llegando incluso a cuestionar, en ocasiones, las habilidades parentales y familiares. A veces, la desesperanza se traduce en un desapego emocional, una especie de retirada para protegernos del dolor. E incluso la tristeza y la ansiedad pueden acechar y llevar a un estado de desprotección por el futuro que ahora se imagina de manera diferente. La tristeza por las expectativas no cumplidas y la incertidumbre pueden conducir a un estado emocional complicado, pero que es necesario transformar por el bienestar de nuestros pequeños.

Afrontar estas fases emocionales es un proceso único para cada familia; estas reacciones son naturales y forman parte de un viaje emocional complejo. Buscar apoyo profesional, ya sea a través de psicólogos, grupos de apoyo o profesionales educativos, puede ser el camino para obtener herramientas con las que gestionar estas emociones de manera saludable.

Para que la relación familiar no se vea demasiado afectada por estas emociones negativas, es crucial entender que, en su mayoría, son temporales y que, a medida que avanzamos, llega la **aceptación** y nos abre las puertas a nuevas perspectivas. Al compartir nuestras experiencias y apoyarnos mutuamente, podemos construir un puente hacia la comprensión, la paciencia y el amor como los cimientos del viaje educativo y personal de nuestros hijos. En esta etapa, la familia ya se siente más fuerte a nivel emocional y acepta la situación para afrontarla de la mejor manera posible y encontrar el mejor modo de ayuda.

¿Cómo afecta a las relaciones familiares?

Que uno de nuestros hijos pueda tener necesidades educativas especiales marca un momento significativo en la vida familiar. Como veíamos, esta situación puede desencadenar una serie de desajustes que afectan a las relaciones familiares de diversas maneras. Los padres, en particular, pueden experimentar actitudes variadas, desde la sobreprotección hasta el rechazo, mientras se enfrentan a la nueva realidad. Del mismo modo, las dinámicas entre los hermanos y la relación de pareja pueden verse también afectadas.

Actitudes de las familias con respecto a los hijos con necesidades especiales

Las actitudes más frecuentes de los padres hacia sus hijos con necesidades educativas especiales son la sobreprotección y el rechazo.

La **sobreprotección** es una reacción común de los padres al enfrentarse a las necesidades educativas especiales de sus hijos. En estos casos, el temor de que el niño tenga que afrontar dificultades adicionales puede llevar a un exceso de atención y cuidado, lo que limita su autonomía. Esta sobreprotección, aunque nace del amor y la preocupación, puede tener consecuencias negativas en el desarrollo independiente e integral del niño. En lugar de sobreproteger, lo adecuado es buscar el equilibrio y fomentar la autonomía de los niños. Así, se les proporcionan oportunidades para que desarrollen habilidades independientes que fortalezcan su confianza y habilidades de afrontamiento.

En otros casos, los padres pueden experimentar sentimientos de **rechazo o negación** frente a la realidad. Como hemos comentado, la noticia de la existencia de necesidades educativas especiales puede generar una sensación de pérdida de las expectativas previas. Esto lleva a la dificultad para aceptar y adaptarse a la nueva situación. Este rechazo puede manifestarse en la falta de conexión emocional, en la focalización de nuestra vida en otros ámbitos como el laboral o en la búsqueda de culpables externos. Para afrontar estos sentimientos de rechazo se requiere un proceso de aceptación y adaptación. Si reconocemos nuestras emociones y trabajamos en comprender y aceptar la realidad, podremos construir una mejor conexión emocional con nuestros hijos.

Actitudes de las familias respecto a sus otros hijos (si los hubiese)

Cuando en la familia hay varios hijos pueden darse casos en los que, tras la detección de las necesidades especiales de uno de ellos, el otro tenga que lidiar con actitudes como la exigencia o cierto abandono.

La **exigencia** nace del afán por ofrecer el mejor apoyo posible al hijo que tiene necesidades educativas especiales. Los padres pueden llegar a imponer altas expectativas o depositar excesiva responsabilidad en los hermanos, lo que genera una presión adicional que puede afectar a su bienestar emocional. Es crucial equilibrar la balanza y que ninguno de los pequeños se sienta limitado en su desarrollo individual.

Por otro lado, la presión de atender las necesidades especiales de un hijo puede llevar a cierto **abandono** hacia sus hermanos. La dedicación intensiva puede hacer que la atención y el tiempo de los padres no se reparta de forma equitativa. Para evitarlo, los padres deben mantener una conexión emocional con todos sus hijos y ajustarse a las necesidades individuales de cada uno. Aunque el tiempo y la energía pueden estar dirigidos principalmente hacia el hijo con necesidades educativas especiales, es fundamental reservar momentos exclusivos con los otros hijos. Una buena manera de lograrlo es establecer rutinas regulares de tiempo individual, que refuercen la conexión emocional y reduzcan posibles sentimientos de abandono.

Además, la presión social y las comparaciones con otros niños pueden generar **competencia entre hermanos**. Esto incluye a los padres que, en un esfuerzo por equilibrar la atención, pueden fomentar involuntariamente la competencia entre los hermanos, lo que afecta a la armonía familiar. Para incentivar las relaciones positivas entre hermanos y fortalecer los lazos familiares, podemos plantear actividades compartidas que destaquen las fortalezas individuales de cada niño y fomenten el apoyo mutuo.

Desafíos en la relación de pareja

Por último, tener un hijo con necesidades educativas especiales puede generar retos en la relación de pareja. El proceso de adaptación se presenta de formas muy variadas, pero en todos los casos la comunicación abierta se convierte en un elemento crucial.

Una de las principales fuentes de tensión suele ser la **falta de comprensión** o el desacuerdo en las estrategias de afrontamiento. Resulta esencial establecer una comunicación efectiva para superar estas situaciones, reconociendo y respetando las diferentes perspectivas.

También hay casos en los que la experiencia compartida puede fortalecer la relación. Enfrentar desafíos juntos construye la **resiliencia**, y **compartir responsabilidades** con apoyo mutuo puede acentuar el sentimiento de proximidad de la pareja. En estos casos, la colaboración se convierte en un pilar fundamental para afrontar la adversidad y mantener una conexión emocional sólida.

Esta resiliencia, sin embargo, no siempre es fácil de conseguir, ya que el proceso de adaptación a las necesidades especiales de un hijo puede generar distintos tipos de complicaciones. Por ejemplo, puede llevar a una división de roles desigual y, en algunos casos, a estrés financiero derivado de la necesidad del apoyo de diferentes especialistas, como logopedas, fisioterapeutas, psicólogos, etc. Estos desafíos extras pueden afectar la dinámica de pareja, ya que requieren una gestión efectiva de las responsabilidades y la toma de decisiones. Para establecer las bases de la resiliencia debemos fomentar un ambiente donde cada miembro de la familia se sienta **escuchado y comprendido.**

La búsqueda activa de apoyos externos, ya sea a través de grupos de apoyo, psicólogos familiares o amigos, puede proporcionar puntos de vista y espacios muy importantes para aliviar el peso emocional.

En última instancia, afrontar estos retos requiere de la resiliencia y la adaptabilidad de todos los miembros de la familia. No hay un enfoque único, pero la comprensión y el compromiso mutuo son elementos determinantes en este viaje donde las dificultades que surgen se resolverán mejor en equipo.

¿Cómo afrontar los desafíos familiares?

Teniendo en cuenta todo lo anterior, es importante conocer qué pueden hacer las familias para gestionar las emociones de forma efectiva y superar las complicaciones que puedan aparecer.

Afrontar la confusión con información y educación

Como hemos visto, el *shock* inicial puede ser abrumador y en estos casos, la formación continua es la clave. Cuando se tiene conocimiento sobre las necesidades específicas de los niños, se cuenta con una base sólida para entender las fortalezas y desafíos del futuro. Así, se pueden tomar decisiones más informadas que aboguen por el bienestar del niño. La información da poder y, además, proporciona seguridad, ya que tener un entendimiento claro sobre la nueva situación ayuda a reducir la incertidumbre.

Lidiar con la negación con terapia y apoyo social

Aceptar la realidad puede llevar tiempo y pedir ayuda no es señal de debilidad, sino de sabiduría. Las herramientas principales para para ayudar a superar la negación son acudir a terapia familiar y buscar apoyo social. También podemos contar con el apoyo de profesionales de la salud, la educación y la psicología. Además, compartir experiencias con otras familias en situaciones similares nos puede aportar una perspectiva enriquecedora.

Superar los sentimientos de culpa para redefinir el camino

Es frecuente que las familias, tras descubrir que tienen un hijo con necesidades educativas especiales, sientan cierta culpa al pensar en los planes y expectativas que tenían para él y que ahora deben ajustar, pero es esencial recordar que el éxito no tiene una única definición. Es el momento de cambiar la definición de lo que es un éxito; de adaptar nuestras expectativas a la nueva realidad. Así será posible celebrar los pequeños logros y eso contribuirá a un cambio de perspectiva positivo y beneficioso para el niño.

Gestionar el miedo y el enfado con planificación a corto plazo

El miedo y el enfado pueden ser paralizantes, pero existen maneras de plantarles cara y manejar los desafíos asociados a las necesidades especiales de un hijo. Las claves para lograrlo son la planificación y las estrategias a corto plazo, que consisten en descomponer los desafíos en pasos más manejables y establecer objetivos inmediatos; así, se consigue una sensación de control y acción. Este enfoque no solo nos ayuda a superar la parálisis emocional, sino que también nos ayuda a tratar los problemas de manera efectiva, creando un camino familiar basado en la resiliencia y la adaptabilidad.

Comunicación abierta, normalización y concepto de familia-equipo

En ocasiones, se evita hablar de manera abierta sobre lo que ocurre porque se cree que así se protege a los pequeños. Sin embargo, está demostrado que la comunicación abierta en el hogar es un pilar indispensable para crear un ambiente de aceptación y apoyo que será fundamental en el futuro. Hablar sobre las necesidades educativas del niño de manera honesta y positiva contribuye a la comprensión mutua y fortalece los lazos familiares. Esto ayuda a que el niño con necesidades educativas especiales se sienta aceptado y querido, y además acaba con cualquier estigma que pueda surgir en el entorno familiar.

La comunicación abierta también ayuda a que el niño se sienta integrado, y se crea el concepto de familia-equipo. Por la parte de los padres, ser un equipo activo implica participar en el proceso educativo y el desarrollo, asistir a las reuniones escolares y colaborar con profesionales para crear un plan que se adapte a las necesidades de su hijo.

MANEJAR EL ESTRÉS E INCORPORAR EL AUTOCUIDADO EN LA RUTINA

El manejo del estrés es esencial a la hora de enfrentar las demandas de cuidado de un hijo con necesidades educativas especiales. Para recargar energías y mantener equilibrio mental debemos integrar rutinas de autocuidado en nuestra vida diaria, como hacer ejercicio físico (aunque sea suave), practicar la meditación o simplemente reservar momentos de descanso. Por ejemplo, podemos hacer una breve caminata diaria, tener unos minutos de meditación antes de dormir o disfrutar de una pausa para leer durante el día. Estas actividades nos proporcionan alivio inmediato del estrés y contribuyen a mantener una perspectiva equilibrada y una salud mental resiliente ante los desafíos diarios.

BUSCAR REDES DE APOYO

Las redes de apoyo comunitario nos proporcionan un espacio seguro para compartir experiencias y fomentan la construcción de vínculos significativos con otras familias que enfrentan desafíos parecidos. La comprensión mutua que surge de estas conexiones se convierte en un recurso muy útil, ofrece sentido de pertenencia y validación emocional. El intercambio de consejos prácticos, estrategias de afrontamiento y recursos disponibles en la comunidad fortalece la resiliencia colectiva y nos ofrece una posibilidad para escapar de la sensación de soledad que puede surgir al criar un hijo con necesidades educativas especiales.

Recursos y ayudas económicas

Como ya hemos comentado, la crianza de un hijo con necesidades educativas especiales puede conllevar desafíos adicionales, lo que incluye una carga económica extra. Sin embargo, existen diversos recursos y ayudas destinados a apoyar a las familias en este aspecto:

- ✓ **Ayudas gubernamentales.** A nivel estatal y regional pueden existir ayudas y beneficios fiscales para familias con hijos con necesidades educativas especiales. Para comprobar si en nuestra región contamos con este tipo de ayudas, podemos consultar a ayuntamientos, centros educativos, asociaciones, etc.
  Por ejemplo, la página web del Ministerio de Educación cuenta con un portal en el que se pueden consultar y solicitar becas y ayudas educativas, incluyendo algunas específicas para alumnos con necesidades educativas específicas.
- ✓ **Ayudas educativas.** En el ámbito educativo pueden existir programas de educación especial que nos proporcionen materiales adaptados y recursos específicos. Además, podemos contar con becas dirigidas a estudiantes con necesidades educativa especiales que cubren gastos relacionados con la educación específica. Esta información podemos encontrarla en los centros educativos y en las páginas web de las consejerías de educación.
- ✓ **Ayudas y fondos de organizaciones sin ánimo de lucro.** Muchas entidades sin ánimo de lucro pueden

ofrecer subvenciones, ayudas y apoyos para familias con hijos con necesidades educativas especiales. Estos fondos pueden destinarse a terapias, equipos personalizados y otras necesidades. Para ello es recomendable contactar con organizaciones regionales o locales que puedan ayudarnos a concretar de qué ayudas disponemos. Muchos ayuntamientos tienen departamentos específicos de servicios sociales y educación que pueden informarnos sobre las ayudas disponibles en nuestra zona. Además, en los centros educativos pueden tener información relativa a todas esas ayudas y becas para el alumnado con necesidades educativas. Del mismo modo, en las propias asociaciones u organizaciones suelen ofrecer asesoramiento y apoyo individualizado a familias con hijos con necesidades educativas especiales.

En resumen, enfrentarse a la crianza de un hijo con necesidades educativas especiales requiere la implementación de estrategias específicas. Esto incluye mantenerse informado sobre la condición del niño y buscar apoyo profesional y comunitario para gestionar las emociones y obtener herramientas prácticas. La comunicación abierta dentro de la familia, el equilibrio en la atención hacia todos los hijos, el autocuidado de los padres y la búsqueda activa de ayudas económicas son elementos clave para afrontar estos desafíos. Al aplicar estas estrategias, no solo se beneficia al niño con necesidades especiales, sino que las familias podemos construir una base sólida para enfrentarnos a las dificultades y celebrar los logros, que nos permitan construir un futuro más esperanzador.

Desafiando el estigma

Acabar con el estigma que rodea a las necesidades educativas especiales dota de poder a las familias con niños con necesidades educativas especiales. Y es que las familias pueden desempeñar un papel activo en cambiar las percepciones negativas que rodean a sus hijos mediante estrategias específicas, aunque también puede ser un desafío.

¿Cómo puedo afrontar este reto?

La falta de comprensión y el desconocimiento son lo que alimenta el estigma. Para afrontar este desafío, las familias pueden tener un rol educativo en todos los contextos en los que se muevan. Acudir a charlas, seminarios o participar en eventos locales para compartir información sobre las necesidades educativas especiales contribuye a cambiar el desconocimiento por una comprensión más profunda de estas situaciones.

Además, el estigma suele disolverse cuando se humanizan las experiencias. Para ello, puede ser muy útil compartir historias personales sobre los éxitos, dificultades y alegrías de criar a un niño con necesidades educativas especiales. De esta forma, se acaba con los estereotipos. Mostrar la realidad que hay detrás de las etiquetas contribuye a construir puentes de empatía y comprensión.

Las familias pueden acabar con el estigma mediante la **defensa activa de los derechos** de sus hijos. Esto implica participar en el sistema educativo, conocer las leyes y regulaciones que respaldan a los estudiantes con necesidades especiales, y luchar por los ajustes y los apoyos necesarios. La participación activa cambia la percepción de vulnerabilidad y demuestra la fuerza y la resiliencia de los niños y sus familias.

Así mismo, colaborar estrechamente con profesionales de la salud y educación nos permite construir un equipo sólido para desafiar los estereotipos. El trabajo conjunto en estrategias de apoyo y en la implementación de prácticas inclusivas contribuye a cambiar actitudes y mejorar la ayuda que se les ofrece a los niños.

De manera más personal, destacar y celebrar los logros y contribuciones individuales de los niños con necesidades educativas especiales invita a replantear la idea de que el éxito tiene una única forma. Mostrar que cada logro, grande o pequeño, tiene valor por sí mismo cuestiona los prejuicios y enfatiza la riqueza de la diversidad.

Cuestionar y atenuar el estigma es un proceso continuo, pero cada acción, grande o pequeña, contribuye a cambiar las percepciones y crear un entorno más inclusivo para todos los niños, independientemente de sus necesidades educativas. Al adoptar estas estrategias, las familias se convierten en agentes de cambio y grandes defensores de la diversidad y la inclusión.

En resumen…

- ✓ Las familias tienen que permitirse pasar por las fases emocionales que supone descubrir que su hijo tiene necesidades educativas especiales.
- ✓ Pedir ayuda y buscar apoyo profesional para gestionar el impacto emocional es algo natural y favorecedor.
- ✓ Ante las actitudes de sobreprotección o rechazo, recuerda que la comunicación abierta es clave. Hablar sobre las diferencias y decidir cómo colaborar hace que se mantenga una conexión emocional con todos los componentes de la familia, y permite ajustar el enfoque según las necesidades individuales.
- ✓ La confusión se debe gestionar con información y formación continua; hay que redefinir las expectativas puestas en los niños y no olvidar que el autocuidado es esencial para mantener el bienestar familiar diario.
- ✓ Las familias desempeñan un papel fundamental en la lucha contra el estigma asociado a las necesidades educativas especiales promoviendo la aceptación, la comprensión y el apoyo incondicional hacia sus hijos y otros miembros de la comunidad.
- ✓ Ser agente educativo, que comparte información en charlas y eventos locales y humaniza la experiencia compartiendo las historias personales contribuye a la creación de entornos más inclusivos y a fomentar la lucha por los derechos de nuestros hijos.

CAPÍTULO III

¿CÓMO ACOMPAÑO A MI HIJO EN ESTE CAMINO?

El proceso de un niño que se enfrenta a sus necesidades educativas especiales es único y supone todo un desafío. Los padres deben convertirse en pilares fundamentales de apoyo y, para lograrlo, tienen que comprender su forma de ver el mundo. De esta manera, serán capaces de construir un camino enriquecedor junto a él.

Este proceso requiere paciencia, comprensión y un compromiso inquebrantable; es decir, estar presentes física y emocionalmente. El objetivo debe ser que nuestro hijo se sienta seguro a cada paso: para conseguirlo debemos entender sus vivencias, celebrar sus logros y abrazar las dificultades como oportunidades de aprendizaje. Todo esto ayuda a fomentar su autonomía y permite que explore su potencial.

ENTENDIENDO LAS NECESIDADES DESDE LOS OJOS DEL NIÑO

En el proceso de acompañar a un niño con necesidades educativas especiales, tener una **perspectiva integral** ayudará a los padres a ser más comprensivos y a que sus hijos se sientan apoyados. Pero ¿qué significa tener una perspectiva integral? Este enfoque implica ver el mundo a través de los ojos del niño y reconocer qué hace única su trayectoria, ya que no hay dos caminos iguales. Es decir, debemos buscar metas educativas que se ajusten a las capacidades y aspiraciones individuales del niño, en lugar de imponer nuestras propias expectativas como padres o educadores. En estos casos, los padres tendrían que colaborar con los docentes, así pueden establecer metas realistas y personalizadas que respeten el ritmo y estilo de aprendizaje del niño.

Cuando entendemos las necesidades educativas especiales desde los ojos del niño, nuestra relación se hace más auténtica, empática y se adapta mejor a él. Este enfoque enriquece el viaje educativo, y además nutre la autoestima del niño porque le permite crecer en un entorno que valora y respeta su singularidad.

PERO ¿LE DIGO A MI HIJO QUE TIENE UNA NECESIDAD EDUCATIVA ESPECIAL?

La respuesta es sí y esta conversación sobre las necesidades educativas especiales de un hijo tiene que tratarse con sensibilidad y naturalidad. Aunque pueda parecer un tema delicado, los niños son increíblemente perceptivos y suelen notar las diferencias en su forma de aprender y relacionarse desde muy pequeños. Si se ignora esta situación o se evita hablar sobre estas necesidades se puede generar confusión, ansiedad y afectar a la autoestima del niño. Para evitar estos problemas, es crucial afrontar la situación con honestidad y comprensión.

En definitiva, la **empatía** es la base de la perspectiva integral y es imprescindible para tratar con nuestro hijo. Para entender verdaderamente las necesidades del niño, los padres y familiares debemos ponernos en su lugar. Esto implica ir más allá de la comprensión superficial de las dificultades; conectar bien con nuestro hijo requiere que profundicemos en sus emociones y sentimientos.

Debemos entender que cuando un niño tiene alguna necesidad educativa especial, es probable que ya haya vivido momentos de frustración, confusión o incluso comparaciones con sus compañeros. Si hablamos de manera natural y honesta con él sobre sus necesidades educativas se sentirá menos confuso y se fomentará un ambiente de confianza y comprensión mutua. Esto hará que el niño se sienta seguro al expresar sus propias **preocupaciones, preguntas o emociones.**

Cuando hablemos con él es esencial transmitir el mensaje de que las necesidades educativas especiales **no le definen,** sino que son simplemente una faceta más de quién es. En lugar de convertirlo en un tabú, se puede abordar el tema con empatía, y destacar las fortalezas y habilidades únicas del niño. Este enfoque positivo le ayuda a construir una **autoimagen saludable** y a aceptar sus diferencias.

En el momento de mantener una conversación con tu hijo sobre sus necesidades especiales, es importante tener en cuenta la edad y el nivel de comprensión. Por esto, aquí te dejo algunos consejos generales:

- ✓ **Elige el momento y el lugar adecuados.** Buscar un momento en el que ambos estéis tranquilos y relajados, y en un lugar donde no haya interrupciones es fundamental.
- ✓ **Comienza la conversación de forma natural.** Puedes empezar hablando de algo que le interese a tu hijo y luego relacionarlo con su necesidad. Por ejemplo, si le gusta leer, puedes decirle algo como: «Algunas personas necesitan ayuda para leer, y yo puedo ayudarte a encontrar libros que sean fáciles para ti».
- ✓ **Utiliza un lenguaje positivo.** Céntrate en las fortalezas y habilidades de tu hijo, en lugar de en sus limitaciones. Hazle saber que crees en él y en su capacidad para aprender y crecer.
- ✓ **Responde a sus preguntas con sinceridad.** Es importante que tu hijo se sienta cómodo haciéndote preguntas sobre sus necesidades. Respóndele con sinceridad y de forma que pueda entender.
- ✓ **Utiliza recursos visuales.** Los libros, los dibujos y los vídeos pueden ayudarte a explicar la necesidad de tu hijo de una manera que sea más fácil de entender para él.
- ✓ **Busca apoyo si lo necesitas.** Aunque a veces es complicado hablar con tu hijo sobre sus necesidades, hay muchos recursos disponibles. Puedes hablar con su profesor, un psicólogo o un trabajador social.

Además, estas son algunas de las afirmaciones que conviene y no conviene utilizar en nuestro día a día para que el niño comprenda la situación y, a la vez, se sienta valorado:

Afirmaciones positivas

- ✓ Es normal necesitar ayuda a veces, todos la necesitamos en diferentes momentos.
- ✓ Es importante que sepas que no estás solo, hay muchas personas que te quieren y apoyan.
- ✓ Siempre puedes contar con nosotros.
- ✓ Vas a lograr grandes cosas.
- ✓ Estoy orgulloso de ti y de todo lo que logras.
- ✓ Confío en ti y en tus habilidades.
- ✓ Eres una persona única.
- ✓ Juntos podemos superar cualquier desafío.

Afirmaciones que se deben evitar

- ✓ No te preocupes por esto, no es importante.
- ✓ Es mejor que no le digas a nadie que tienes (TDAH, TEA, discapacidad, etc.).
- ✓ Es algo que tendrás que soportar toda tu vida.
- ✓ Tienes que ser fuerte, no muestres tus debilidades.
- ✓ Es demasiado complicado para que lo entiendas.
- ✓ Esto es demasiado difícil para ti.
- ✓ Lo siento mucho por lo que te pasa.
- ✓ Compórtate como los demás niños.
- ✓ No es justo que tengas esta necesidad.
- ✓ Nunca podrás (leer, correr, bailar, etc.).

Un enfoque positivo puede ayudar a tu hijo a desarrollar una comprensión saludable de su condición, fomentar su autoestima y proporcionar un entorno de apoyo y aceptación. En general, es importante comunicarnos con nuestros hijos desde el respeto, la empatía, la paciencia y la comprensión.

¿Qué puedo hacer para fortalecer el vínculo familiar?

La manera en la que los padres se relacionan con los hijos desde la infancia tiene un impacto directo y de gran importancia en su desarrollo emocional, social y cognitivo. Para hacer que este vínculo sea más fuerte y contribuir a su bienestar emocional y social, algunos medios con los que contamos son los siguientes:

- ✓ **Crear un entorno en el que el niño se sienta seguro y protegido.** Esto ayudará al desarrollo de la confianza en sí mismo y en los demás, y será crucial para que enfrente los desafíos y establezca relaciones sólidas en la vida adulta.
- ✓ **Generar un ambiente que favorezca el estímulo cognitivo.** Es decir, ofrecer al niño interacción constante, conversaciones y actividades compartidas, ya que aplicar estas herramientas desde la infancia ayuda al desarrollo del lenguaje, la comprensión del mundo y la estimulación cerebral.
- ✓ **Demostrar apoyo emocional efectivo,** especialmente en momentos difíciles. Los niños que se sienten conectados emocionalmente con sus padres tienen más probabilidades de buscar consuelo y orientación durante situaciones estresantes, lo que promueve una salud mental positiva.
- ✓ **Contribuir al desarrollo de una autoestima positiva.** Para esto es imprescindible que el niño se sienta querido y valorado por quien le cuida; así tendrá más probabilidades de desarrollar una imagen positiva de

sí mismo. Además, el apoyo de padres a hijos se asocia con el buen comportamiento de los niños: la conexión emocional reduce la probabilidad de conductas problemáticas y fomenta el desarrollo de habilidades sociales y emocionales, como la empatía y la autorregulación emocional.

Pero ¿cómo hacemos esto en la práctica?

Para pasar del concepto a la práctica, a continuación, se proponen algunos ejemplos de estrategias concretas para fortalecer ese vínculo:

✓ **Comunicación abierta y constante.** Adaptarnos al estilo de comunicación de nuestros hijos y estar atentos a las señales no verbales facilita una conexión más profunda. Para animarlos a expresar sus pensamientos y emociones, debemos aprender a utilizar preguntas abiertas. Por ejemplo:

- «¿Cómo te sentiste hoy en el colegio?» es una pregunta que da la oportunidad de expresar sus emociones en relación con su día sin limitar sus respuestas a emociones específicas.
- «¿Hay algo que te preocupe o ponga nervioso últimamente?» ofrece la oportunidad de hablar sobre sus inquietudes o miedos.
- «¿Qué tal con tus amigos?» es una pregunta muy básica, pero nos ayuda a explorar las relaciones sociales importantes para él.

- ✓ **Fomento de la autonomía.** Una forma de promover la autonomía de nuestros hijos y fortalecer su confianza es dejar que tomen decisiones, incluso en aspectos pequeños de su vida diaria. Por ejemplo, en el ámbito escolar, los padres deben colaborar con sus hijos cuando toman decisiones relacionadas con su educación y sus metas, adaptando la participación según su capacidad y desarrollo.

Ejemplos de elección de **actividades educativas:**

- ✓ De 3 a 6 años podemos ofrecerles opciones limitadas entre las que elegir. Por ejemplo, «¿Quieres trabajar en la lectura o en las matemáticas primero?».
- ✓ De 6 a 8 años ampliaremos las opciones y les dejamos elegir varias actividades. Por ejemplo, «¿Qué te apetece hacer ahora? ¿Leer un libro juntos y luego hacer un dibujo, hacer un experimento científico, escribir una historia o repasar la canción de música?». Una vez que escoja se le pueden seguir ofreciendo opciones siempre teniendo en cuenta sus intereses, que las actividades sean variadas y ajustadas al nivel de dificultad.

Ejemplos en el **establecimiento de rutinas:**

- ✓ De 3 a 8 años podemos ofrecer opciones dentro de la rutina «¿Quieres hacer tus deberes antes o después de la merienda?».
- ✓ De 8 en adelante colaboraremos en la creación de la rutina diaria, permitiendo que escojan el orden de las actividades y el tiempo dedicado a cada tarea. Por ejemplo, «Vamos a planificar la rutina de hoy. Tienes que

hacer los deberes, leer un rato, ayudar en alguna tarea de casa y sacar tiempo para jugar. ¿Cómo te gustaría organizar el día? ¿En qué orden hacemos las actividades?».

✓ **Celebración de logros y esfuerzos.** El reconocimiento de los esfuerzos del niño refuerza su autoestima y nuestra conexión emocional con él. Para ello, debemos fomentar un ambiente en el que se valore el proceso de aprendizaje, con elogios al esfuerzo y a la persistencia más allá del resultado. Esto se consigue con:
- Metas progresivas que nos ayudarán a centrarnos en el avance y la mejora continua. Para ello dividiremos los objetivos en metas más pequeñas, lo que nos hará apreciar los logros a medida que avanzan.
- Por ejemplo, si nos vamos a sentar a hacer deberes o estudiar, podemos dividir esta meta en varios pasos: primero buscar el lugar donde vamos a sentarnos; luego, organizar los materiales necesarios en el espacio de estudio y antes de empezar, establecer un tiempo y la actividad que vamos a realizar, etc.
- La consideración de los errores como oportunidades de aprendizaje. Hay que animar a los niños a que, cuando se equivoquen, se enfrenten a las dificultades con actitud positiva y lo valoren como un paso más hacia el crecimiento.

Estrategias para crear espacios de confianza y seguridad

Para que los niños se desenvuelvan correctamente en su aprendizaje, es importante crear entornos en los que sientan confianza y seguridad. Esto los anima a explorar, experimentar y cometer errores sin temor al juicio.

Además, establecer un espacio seguro donde el niño pueda expresar libremente sus preocupaciones y frustraciones durante momentos difíciles nos ayuda a ofrecerle consuelo. En este espacio podemos guiarlo a través de estrategias prácticas de manejo del estrés, como, por ejemplo, la elección de actividades relajantes, lo que le ofrecerá herramientas valiosas para enfrentar los desafíos y asegurar el bienestar de nuestro hijo.

Rutinas diarias

De 0 a 3 años	De 3 a 6 años	De 6 años en adelante
Creación de rutinas predecibles.	Aumento de la participación en actividades diarias.	Mayor participación en conversaciones familiares.
Establecimiento de horarios consistentes.	Rol activo en la familia.	Desarrollo de la pertenencia a la familia.

✓ **De 0 a 3 años**

En esta etapa es esencial crear rutinas predecibles. Establecer horarios consistentes para las comidas, el baño y los momentos de juego ayuda a los niños a anticipar lo que sucederá, y les da seguridad y estabilidad en su entorno cotidiano. Por ejemplo, después de la hora del baño, se puede introducir una breve sesión de lectura antes de dormir, marcando así un patrón reconfortante para el niño.

- ✓ **De 3 a 6 años**
  A medida que crecen, la participación en actividades diarias desarrolla la confianza en sí mismos. Podemos invitar al niño a decidir sobre las actividades familiares o aportar ideas para eventos especiales; esto les da un rol activo en la familia, refuerza su sentido de pertenencia y hace que aprendan la importancia de sus contribuciones en el entorno familiar.
- ✓ **De 6 en adelante**
  Llegados a esta edad, animarlos a participar en conversaciones familiares les da la oportunidad de practicar sus habilidades comunicativas, como la expresión verbal y la argumentación. Esto desarrolla su confianza en su capacidad para expresarse y les hace sentir que pertenecen a un grupo y que se los valora.

CREAR UN ENTORNO LIBRE Y SEGURO

DE 0 A 3 AÑOS	DE 3 A 6 AÑOS	DE 6 AÑOS EN ADELANTE
Espacios de juego libres de objetos pequeños y peligrosos.	Fomento de la toma de decisiones.	Validación y aceptación de los sentimientos y emociones.
Creación de entornos seguros.	Participación en las tareas domésticas.	Desarrollo de la escucha activa y evitación de juicios.

- ✓ **De 0 a 3 años**
  Cuando son más pequeños, hay que asegurar que el espacio de juego esté libre de objetos pequeños que

puedan representar riesgos de asfixia, así como mantener los productos químicos y objetos peligrosos fuera de su alcance. De esta manera, establecemos límites claros y contamos con este entorno seguro que permite que los niños exploren y aprendan con confianza.

- ✓ **De 3 a 6 años**

  En este tramo de edad, fomentar la confianza implica que tengan oportunidades para la toma de decisiones. Por ejemplo, una forma efectiva de hacerlo es permitir que el niño elija su propia ropa. Esta elección simple impulsa su independencia, y también nutre su sentido de estilo y autoexpresión.

  Otra opción beneficiosa es dejar que participe en las tareas domésticas que sean apropiadas para su edad. Al asignarle responsabilidades simples, como poner la mesa o recoger los juguetes, el niño aprende sobre el valor del trabajo en equipo y experimenta un sentido de logro porque ha colaborado en el bienestar del hogar.

- ✓ **De 6 en adelante**

  Desde este momento, los padres deben validar y aceptar una gama completa de sentimientos, desde la alegría hasta la frustración. Enseñarles que sus sentimientos son válidos, sin juzgarlos, fortalece su autoestima y capacidad para comprender y gestionar sus emociones.

  Imaginemos que un niño de 7 años llega a casa después de un día en el colegio donde sintió diferentes emociones. En lugar de responder cosas como «no deberías sentirte así» o «no hay razón para estar triste», los padres deben crear un espacio seguro y preguntarle cómo se siente y qué sucedió para que se sienta así. En este entorno sin juicios, el niño se siente libre de expresar sus emociones sin temor a críticas. Puede compartir que se sintió triste porque perdió en un juego, pero también experimentó alegría al aprender algo nuevo. Los padres deben escuchar atentamente y asegurarse de que comprenda que está bien sentirse de esa manera. Este acto de aceptación refuerza la idea de que sus sentimientos son válidos, lo que a su vez contribuye a fortalecer su autoestima.

ESTRATEGIAS PARA DESARROLLAR ACTIVIDADES LÚDICAS EN FAMILIA

Las actividades lúdicas no solo son momentos divertidos, sino que en muchas ocasiones también son oportunidades para el aprendizaje y el fortalecimiento del vínculo. Desarrollar este tipo de actividades con niños que tienen necesidades educativas resulta aún más importante por diversas razones:

En primer lugar, estas actividades ofrecen un medio único para fortalecer los lazos familiares. Cuando se crean momentos compartidos de alegría y diversión se disfruta del entretenimiento, pero además se crea un **ambiente positivo y afectivo en el hogar,** lo que contribuye al bienestar emocional de toda la familia.

En segundo lugar, las actividades lúdicas se convierten en herramientas importantes para el desarrollo del niño. A través del juego, se pueden abordar diversas habilidades, como las cognitivas, sociales y emocionales. Por ejemplo, los juegos de mesa educativos pueden estimular el pensamiento lógico y la resolución de problemas, mientras que las actividades creativas pueden nutrir la expresión emocional y artística. Estas experiencias no solo son formativas, sino que también fomentan un ambiente de aprendizaje positivo y significativo.

Finalmente, el juego en familia ayuda a construir una **base sólida para el desarrollo social del niño.** La participación en juegos colaborativos refuerza el trabajo en equipo y fomenta la comunicación efectiva y las habilidades sociales. Gracias a este tipo de actividades, el niño cuenta con un espacio en el que puede practicar la interacción social de manera segura y con apoyo, y así fortalece sus habilidades sociales, esenciales para su vida cotidiana y las futuras interacciones fuera del hogar.

De 0 a 3 años	De 3 a 6 años	De 6 a 8 años
Exploración de los sentidos con juegos con texturas, colores y sonidos.	Desarrollo de las habilidades lingüísticas a través de libros.	Creación conjunta de proyectos.
Conexión afectiva a través del contacto físico y la narración de experiencias.	Desarrollo de las habilidades cognitivas a través de rompecabezas.	Utilización de juegos de mesa.

✓ **De 0 a 3 años**

Al principio, es recomendable que las actividades lúdicas se centren en la exploración de los sentidos. Los juegos simples que involucren texturas, colores y sonidos son muy entretenidos y, además, estimulan el desarrollo cognitivo del niño. Esto se puede llevar a cabo con libros sensoriales o materiales con diferentes texturas, como telas suaves, objetos rugosos o juguetes que produzcan sonidos al presionarlos. Esta experiencia táctil y auditiva fomenta el desarrollo sensorial y crea la oportunidad de conexión afectiva a través del contacto físico y la narración de experiencias.

✓ **De 3 a 6 años**

Luego, estas actividades pueden evolucionar para desarrollar las habilidades lingüísticas y cognitivas. Para esto, los libros son una herramienta imprescindible. La elección de libros con imágenes o historias con narrativas cautivadoras crea momentos especiales de conexión emocional. En esta etapa, compartir momentos de lectura se convierte en algo fundamental para construir vínculos. Además, la lectura compartida no debe limitarse a leerles historias a los niños, sino que se pueden añadir preguntas durante la lectura para promover la participación y estimular el desarrollo del lenguaje.

Otra buena opción son los rompecabezas, ya que ofrecen oportunidades para el desarrollo cognitivo y la resolución de problemas. Escoger rompecabezas con imágenes de interés para el niño o relacionados con temas educativos refuerza la conexión entre el juego y el aprendizaje. Si se resuelven juntos, proporcionan entretenimiento y todo lo anterior, pero también refuerza la importancia de trabajar en equipo.

- ✓ **De 6 a 8 años**
  Cuando son más mayores, las actividades lúdicas pueden evolucionar hacia proyectos colaborativos y exploración de temas de interés compartido. En este sentido, la creación conjunta de proyectos artísticos, científicos o creativos promueve la colaboración y fomenta habilidades como la planificación y la resolución de problemas. Por ejemplo, crear un «Mapa del Tesoro» juntos o ir en familia a un *escape-room* despierta la imaginación e implica tomar decisiones en conjunto y resolver desafíos creativos.
  Otro ejemplo pueden ser los juegos de mesa. Al igual que en la etapa anterior, si estos juegos se alinean con los intereses del niño y se relacionan con habilidades académicas, se refuerza la conexión entre juego y aprendizaje. Participar en estos juegos fortalece nuestra relación, la diversión en familia y proporciona oportunidades para el **crecimiento académico y la autoconfianza.**

El juego es el lenguaje universal de los niños, crea recuerdos duraderos y fortalece los lazos familiares. Cuando pienso en mi infancia, me vienen a la cabeza con cariño aquellos instantes compartidos con mi abuela, en los que disfrutábamos de partidas de parchís, o las fiestas navideñas dedicadas a la repostería y las manualidades junto a mi madre y mi hermano. Estos recuerdos no solo representan los momentos de diversión o el aprendizaje de sobrellevar la frustración cuando mi hermano se comía una de mis fichas o la capacidad de saber compartir materiales mientras confeccionábamos coloridas guirnaldas como familia. Cada uno de estos momentos se convierte en un pequeño tesoro que va más allá del juego y la creatividad, ya que construye los **cimientos emocionales y sociales** que acompañarán a los niños a lo largo de su vida.

En resumen…

- ✓ Abordar las necesidades educativas especiales de un niño es un proceso único y desafiante, y los padres son los principales responsables de construir un camino enriquecedor juntos.
- ✓ Adoptar una perspectiva integral implica empatía, diálogo abierto, reconocimiento de la diversidad individual y validación de las emociones del niño.
- ✓ Es imprescindible establecer metas educativas que se alineen con las capacidades y aspiraciones del niño.
- ✓ Un vínculo fuerte entre padres e hijos desde la infancia ayuda al desarrollo emocional, social y cognitivo. Para ello, disponemos de estrategias como la comunicación abierta, el fomento de la autonomía o la celebración de logros.
- ✓ Un ambiente predecible y libre de peligros y la participación del niño en decisiones familiares promueven la confianza.
- ✓ Las actividades lúdicas fortalecen la conexión familiar y contribuyen al desarrollo integral del niño.

SEGUNDA PARTE

FORTALEZAS Y DESAFÍOS ESPECÍFICOS. TDAH, DISLEXIA Y ALTAS CAPACIDADES

Educar a un niño con necesidades educativas especiales es complejo. Pero, realmente, lo complejo es la crianza en general. Sobre todo, si no tenemos la información, los conocimientos y las estrategias adecuadas para hacerlo. Necesitamos estas herramientas porque la manera en la que criamos a un niño no solo depende de cómo es el niño y las particularidades y dificultades que tiene; en este proceso también tienen influencia las personas adultas que rodean al niño y que serán las responsables de este camino.

Llegados a este punto, nos vamos a sumergir en la parte más práctica del libro. Ahora nos centraremos en la desmitificación de necesidades educativas muy habituales y que a menudo son malinterpretadas. Los siguientes capítulos servirán como guía para que las familias puedan apoyar a sus hijos de la forma más eficaz. El objetivo es desterrar los mitos que rodean a las diversas necesidades educativas especiales y empoderar a las familias para abordar estos desafíos con los conocimientos necesarios y la comprensión adecuada.

En esta parte del libro, vamos a explorar tres de las necesidades educativas especiales más habituales y qué más retos plantean: el **trastorno por déficit de atención e hiperactividad (TDAH), la dislexia** y **las altas capacidades.** Estas afecciones están aumentando sus porcentajes de diagnóstico en los últimos años y, por tanto, están más presentes en nuestras escuelas. Además, y debido a ello, representan un área de creciente interés y preocupación para padres, docentes y profesionales de la salud.

La importancia de ver el conjunto

En el mundo educativo actual, las necesidades educativas especiales son una realidad que afecta a un número significativo de estudiantes en todo el mundo. Según datos recientes del Ministerio de Educación, aproximadamente el 10 % de los niños en edad escolar son diagnosticados de alguna forma de necesidad educativa, lo que deja claro la importancia de comprender y abordar estas situaciones de manera efectiva y compasiva.

Uno de los desafíos más notables a los que se enfrentan los orientadores y psicólogos en la detección y diagnóstico del TDAH, la dislexia y las altas capacidades se encuentra en que una persona puede tener dos o más necesidades educativas especiales a la vez. En ocasiones, la coexistencia de, por ejemplo, el TDAH y la dislexia, las altas capacidades y el TDAH o las altas capacidades y la dislexia puede complicar el proceso de identificación y llevar a diagnósticos erróneos. Esta complejidad evidencia lo importante que es hacer evaluaciones exhaustivas que ayuden a entender las necesidades individuales de cada estudiante.

A lo largo de los siguientes capítulos, exploraremos en profundidad las características, los desafíos y las estrategias de intervención asociadas con el TDAH, la dislexia y las altas capacidades. Comprenderemos los principales indicadores y los impactos en el aprendizaje y en la vida diaria y exploraremos diferentes estrategias para apoyar a nuestros niños en casa y en sus tareas escolares. El objetivo es proporcionar una guía comprensible y práctica para navegar por estas necesidades, a menudo desconocidas. Porque **todos los niños merecen la oportunidad de desarrollarse, crecer y alcanzar su máximo potencial, independientemente de sus desafíos o habilidades.**

CAPÍTULO IV

TDAH. Más allá de la hiperactividad

Desmitificar el TDAH: definición y tipos

El trastorno por déficit de atención e hiperactividad, conocido por sus siglas TDAH, es un conjunto de dificultades que afectan a la atención, la impulsividad y la hiperactividad. Este trastorno está rodeado de mitos y suele malinterpretarse; para entenderlo correctamente, podemos imaginar que la mente es como una radio. Una persona sin TDAH puede sintonizar una sola frecuencia, pero una persona con TDAH sintoniza muchas frecuencias a la vez y siente como estas compiten por su atención, lo que crea una mezcla de sonidos en la mente. La persona con TDAH se convierte en el oyente que tiene que ajustar la frecuencia para poder escuchar algo específico.

Aunque con esta comparación podemos tener una imagen general de lo que es el TDAH, es esencial comprender que existen diferentes tipos, cada uno con sus propias características:

Tipo predominantemente inatento

Aquí, la atención es la protagonista. Las personas con este tipo de TDAH pueden tener dificultades para prestar atención a los detalles, seguir instrucciones y mantener la concentración en tareas más largas.

✓ **Ejemplo:** durante la hora de la cena, un niño con TDAH predominantemente inatento puede parecer desconectado o distraído y tener dificultades para seguir las conversaciones familiares. Puede olvidar detalles importantes sobre lo que se habla y mostrar falta de atención, incluso en momentos significativos.

Tipo predominantemente hiperactivo-impulsivo

En este caso, la hiperactividad y la impulsividad son las protagonistas. Pueden ser niños inquietos, hablar en exceso y tener problemas para esperar su turno. A veces, actúan sin pensar demasiado.

✓ **Ejemplo:** mientras la familia juega a un juego de mesa, un niño con TDAH predominantemente hiperactivo-impulsivo puede tener dificultades para esperar su turno, interrumpir las jugadas de los demás y es probable que le cueste permanecer sentado.

Tipo combinado

Este es una mezcla de los dos anteriores, donde se combinan la falta de atención, la hiperactividad y la impulsividad en la vida diaria.

- ✓ **Ejemplo**: durante la organización para un viaje familiar, un niño con TDAH combinado puede tener problemas para recordar lo que necesita llevar, distraerse fácilmente mientras se prepara y mostrar impulsividad al querer salir rápidamente. Pueden darse momentos de desorganización y dificultades para seguir el plan establecido.

La identificación del tipo específico de TDAH es crucial para determinar el enfoque de intervención educativa e incluso el tratamiento médico más adecuado si lo hubiese, porque no todas las personas con TDAH estarán medicadas.

Los **medicamentos** para el TDAH están diseñados para ayudar a mejorar la concentración, el control de la impulsividad y la atención, y se pueden clasificar en dos grupos principales: estimulantes y no estimulantes.

- ✓ Los **estimulantes** son los medicamentos más utilizados para el TDAH. Ayudan a mantener la atención, la concentración y la actividad ya que aumentan la actividad de neurotransmisores importantes para estas acciones. Estos estimulantes pueden causar efectos secundarios como nerviosismo, insomnio, pérdida del apetito y dolor de estómago.
- ✓ Los **no estimulantes** son una opción para aquellas personas que no toleran los estimulantes o que tienen ciertos problemas de salud que no permiten tomar sustancias estimulantes. Estos medicamentos mejoran la actividad cerebral sin aumentar directamente la actividad de los neurotransmisores. Pueden causar somnolencia, sequedad bucal, dolor de cabeza y estreñimiento.

Es importante destacar que son los profesionales de la salud, como pediatras o psiquiatras, quienes evaluarán cuidadosamente la situación individual del niño y decidirán si es conveniente o no que tome medicación. Dada la situación, es fundamental que las familias comprendan los beneficios y posibles efectos secundarios de la medicación. También deben participar activamente en el proceso de toma de decisiones junto con los profesionales médicos.

En cualquier caso, es importante tener en cuenta que la medicación, que puede ser útil para algunos niños, debe ser siempre un complemento dentro de una estrategia más grande. Es decir, hay que ayudar a los pequeños en su proceso de adaptación con cambios en el estilo de vida, apoyo educativo, terapias conductuales..., y la medicación puede ser una herramienta más, pero no debe hacer que se descuiden los demás aspectos.

A nivel personal y de aprendizaje no hay que olvidar que cada niño es único, y la comprensión y apoyo de la familia y su entorno son esenciales para ayudarlos a manejar estos desafíos de manera efectiva.

Indicadores, fortalezas y desafíos específicos

El impacto del TDAH en el día a día de nuestros hijos abarca tanto la dificultad para mantener la concentración en tareas como la impulsividad en la toma de decisiones.

Es frecuente que estos indicadores varíen según la edad del niño. En edades tempranas lo más común son los síntomas de hiperactividad y déficit de atención y a medida que el niño crece, salvo casos más severos, la hiperactividad tiende a reducirse, mientras que la falta de atención persiste y se observa un aumento en las conductas impulsivas.

Reconocer algunos indicadores de TDAH puede ser importante para una detección temprana que permita proporcionar el apoyo necesario. Por ello, a continuación, definiremos las características principales de los distintos tipos de TDAH.

En el caso del TDAH predominantemente inatento el niño puede mostrar conductas relacionadas con el **déficit de atención** como las siguientes:

- ✓ Es incapaz de mostrar interés en juegos que impliquen seguir instrucciones o centrarse en actividades de gran esfuerzo mental durante un período prolongado.
- ✓ Muestra dificultad para seguir instrucciones; puede parecer que no las escucha.
- ✓ Pierde material escolar, juguetes y elementos que usa en el día a día.
- ✓ No es capaz de planificar sus tareas y responsabilidades. A pesar de tener buenas habilidades académicas, le cuesta organizar su tiempo y espacio, lo que afecta a su capacidad para terminar las actividades empezadas y puede verse reflejado en tareas escolares inacabadas y, por tanto, bajas calificaciones.

En el caso del TDAH predominantemente hiperactivo/impulsivo el niño puede mostrar conductas relacionadas con la **hiperactividad** y la **impulsividad**:

- ✓ Muestra inquietud, se levanta y se mueve de manera constante, da golpecitos con las manos o los pies.
- ✓ Tiene dificultades para estar sentado en actividades aparentemente tranquilas como lectura de cuentos o el momento de la comida.
- ✓ Corre, trepa o salta en situaciones no apropiadas.
- ✓ Habla demasiado y no puede mantenerse en silencio.
- ✓ Es incapaz de esperar el turno de palabra e interrumpe constantemente conversaciones, juegos o actividades con otras personas. En ocasiones, incluso llega a entrometerse en actividades ajenas.
- ✓ Actúa impulsivamente sin pensar las consecuencias. Es habitual que empuje, golpee o se caiga.
- ✓ Le cuesta seguir las reglas y reacciona por impulso, puede expresar el enfado de manera intensa y sin control cuando pierde o quiere cambiar las reglas establecidas.
- ✓ Pueden manifestar de manera recurrente desobediencia, rabietas, conductas agresivas y desorganización.

En el caso del tipo combinado, podría mostrar conductas y **actitudes combinadas** de ambos tipos.

Es importante destacar que estos signos no deben considerarse diagnósticos por sí mismos. Además, los niños en edades tempranas (2-6 años) pueden mostrar actitudes propias del TDAH en momento puntuales. Por eso es importante que estos indicadores se tomen con cautela. Para que su presencia sea significativa, tienen que darse de una manera intensa y permanente en el tiempo. Esto quiere decir que porque nuestro hijo tenga una rabieta, esté despistado y empuje impulsivamente a un compañero uno o varios días, no debemos preocuparnos. Estas conductas deben mantenerse en el tiempo de manera evidente y repetitiva, es decir, que varios de estos indicadores los observemos diariamente durante al menos 6 meses.

Si observamos varios de estos indicadores durante ese tiempo prudencial, es el momento de consultar con profesionales de la salud, la psicología y la educación para solicitar una evaluación más completa.

A pesar de estos desafíos, no debemos pensar que detectar señales o recibir un diagnóstico de TDAH es algo que solo va a repercutir negativamente. En estos casos, nuestros hijos también pueden mostrar notables fortalezas que, cuando se reconocen y se cultivan, contribuyen positivamente a su desarrollo. Aquí hay algunas **fortalezas** comunes con las que pueden contar:

Creatividad e innovación	Capacidad para encontrar soluciones creativas. Por ejemplo, organizar su espacio de estudio de manera visual y atractiva o proponer actividades o juegos familiares divertidos y con dinámicas creativas.
Energía y entusiasmo	Capacidad para ser positivos y enérgicos y participar en actividades intensas, como deportes o actividades físicas que contribuyen a un estilo de vida saludable. Además, pueden contagiar esta energía a las personas que le rodean.
Pensamiento rápido	Capacidad para tomar decisiones rápidas y adaptarse a situaciones cambiantes. Además, en debates o conversaciones familiares pueden aportar perspectivas frescas y estimulantes.

PENSAMIENTO MULTITAREA	Capacidad para llevar a cabo varias actividades o tareas a la vez. Por ejemplo, escuchar al docente a la vez que toman apuntes o dibujan, lo que les ayuda a retener la información.

Reconocer y fomentar estas fortalezas contribuye a la construcción de la autoestima y el desarrollo integral de los niños con TDAH. Tenemos que resaltar y valorar que, aunque tienen que enfrentarse a desafíos, también poseen cualidades valiosas, y es importante que ellos también sean conscientes de ello.

PERO ¿QUÉ HAGO SI SOSPECHO QUE MI HIJO TIENE TDAH?

Lo más importante es saber a dónde tenemos que acudir si queremos buscar ayuda. En primer lugar, si detectamos indicadores de un posible TDAH antes de la edad escolar podemos acudir a nuestro pediatra para que nos derive a la Unidad de Salud Mental Infanto-juvenil.

Las palabras salud mental están estigmatizadas y nos puede resultar complicado aceptarlas, pero debemos considerarlas con la misma naturalidad que la salud infantil en general. ¿No acudiríamos al centro médico ante una afección de cualquier tipo detectada en nuestro hijo? Aunque podemos sentir que suena fuerte, estos especialistas serán quienes, tras una serie de pruebas, valoren si el niño tiene TDAH y si necesita tratamiento farmacológico.

Si el niño está en edad escolar, haya o no solicitada una atención médica, si detectamos que nuestro hijo puede mostrar conductas que podrían indicar TDAH podemos pedir orientación al centro educativo que nos podrá aportar información relevante acerca de las conductas y dificultades de nuestro hijo. De hecho, la gran mayoría de los casos, el primer aviso de posible TDAH llega por parte del docente a cargo de su aula. Además, normalmente, desde el centro educativo nos podrán informar sobre estrategias, ayudas, asociaciones y otros recursos a nuestro alcance.

Estrategias para la vida diaria

En la vida diaria con un niño que tiene TDAH nos encontramos con una serie de ámbitos que requieren mayor atención y adaptación. Sin embargo, hay recursos y estrategias de los que podemos valernos para que el camino resulte más sencillo.

Rutinas y organización	• Rutinas visuales • Listas de verificación • Segmentación de tareas • Entorno organizado • Rutinas predecibles • Implicación del niño
Tareas escolares y organización	• Entorno adecuado • División de tareas • Fomento de elogio y recompensa
Independencia y autonomía	• Rutinas consistentes • Técnicas de organización • Herramientas de apoyo • Expectativas definidas • Autorresponsabilidad

RELACIONES SOCIALES	• Iniciar conversaciones • Respetar el turno de palabra • Actividades grupales • Practicar la colaboración
TRANQUILIDAD Y RELAJACIÓN	• Rincón de lectura • Sesiones de *mindfulness* • Respiración profunda • Relajación muscular • Baños relajantes

ESTABLECER RUTINAS Y MEJORAR LA ORGANIZACIÓN

En las familias con niños con TDAH, fijar sistemas ordenados y eficaces puede parecer difícil, pero existen maneras con las que los padres pueden implementarlos en su día a día:

✓ **Rutinas visuales.** El uso de horarios visuales o calendarios con imágenes para representar las actividades diarias puede proporcionar una estructura visual que ayude al niño a comprender y anticipar las rutinas.
  - Por ejemplo, colocar un panel o tablero en su zona de estudio o en la nevera, con imágenes de las actividades diarias del niño, como despertarse, desayunar, ir a la escuela, hacer la tarea y acostarse. Cada imagen puede tener un reloj que marque la hora específica de esa actividad.

✓ **Listas de verificación.** Crear listas simples para las tareas u objetivos diarios, como prepararse para la escuela o realizar las actividades antes de acostarse proporciona una sensación de logro y consciencia de lo cumplido. El niño puede marcar cada tarea a medida que se completa.

- Por ejemplo, crear una lista en la que consten esas tareas que cuesta más recordar y terminar para poder hacer *check:* asegurarse de tener los materiales preparados para el día siguiente o antes de realizar una tarea, revisar la tarea antes de terminarla o pautar los descansos.

✓ **Segmentación de tareas.** Dividir las tareas en pasos más pequeños y manejables evita que el niño se sienta abrumado y facilita que se concentre en una tarea específica en lugar de tener que enfrentarse a una tarea mucho más grande.

- Por ejemplo, si la tarea es limpiar su habitación, se puede dividir en pasos más pequeños: recoger los juguetes, hacer la cama, guardar la ropa, etc. El niño puede concentrarse en completar un paso cada vez.

✓ **Entorno organizado.** Mantener un ambiente ordenado y organizado en el hogar y en la escuela ayuda a reducir las distracciones. Evitar entornos con demasiados colores y con exceso de estímulos puede ayudar a reducir las dificultades de atención.

- Por ejemplo, se podrían usar organizadores de escritorio para almacenar materiales escolares y evitar el desorden.

✓ **Establecer rutinas predecibles.** Lo predecible aporta seguridad y esto se traduce en incluir horarios consistentes para las comidas, el estudio y el tiempo de juego, rutinas bien establecidas, etc.

   - Por ejemplo, despertarse a la misma hora cada día, establecer un horario matutino consistente (vestirse, desayunar y prepararse para ir al colegio). Después del colegio, plantear tiempos específicos para deberes, pusas y tiempo de juego y relax. La cena que tienda a ser a la misma hora, seguida de una rutina nocturna de higiene y lectura u otra actividad relajante.

✓ **Implicar al niño.** La creación de rutinas y sistemas organizativos teniendo en cuenta al niño fomenta la participación activa.

   - Por ejemplo, puede ayudar a planificar el horario semanal o elegir las actividades de cada día. Esto le da un sentido de control y responsabilidad sobre su propio proceso.

Al combinar estas estrategias, las familias establecen rutinas efectivas y mejoran la organización del día a día en el hogar. Así, apoyan a los niños con TDAH y ayudan a que se desenvuelvan de manera más autónoma y exitosa en su vida.

Tareas escolares y concentración

A la hora de apoyar a nuestros hijos con TDAH en sus tareas escolares y mejorar su concentración, contamos con distintas opciones útiles:

✓ **Establecer un entorno adecuado para el estudio.** Así, reduciremos distracciones con un espacio ordenado y libre de elementos innecesarios. En niños más mayores, se podrían utilizar herramientas como auriculares con cancelación de ruido para los momentos de mayor concentración, si fuese necesario.

✓ **Estructurar el tiempo de estudio. Dividir las sesiones de estudio** en tiempos más cortos y seguidos de descansos puede ayudar a mantener la concentración. Además, las rutinas consistentes las hacen predecibles y esto ayuda a los niños con TDAH a organizarse mejor.

✓ **Dividir las tareas en partes más pequeñas y manejables.** Este recurso facilita la asimilación de la información. Para hacer que las instrucciones sean más comprensibles, podemos utilizar técnicas visuales, como gráficos.

✓ **Fomentar el elogio y la recompensa cuando se logren metas.** Así se crea un ambiente positivo y motivador que puede ser muy útil. Cuando elogiamos a un niño por haber realizado correctamente una tarea, es fundamental ser específicos para resaltar el esfuerzo y lo conseguido. Esto refuerza un comportamiento positivo y motiva al niño a seguir esforzándose.

- Además del elogio, podríamos dar pequeñas recompensas al terminar la hoja completa de ejercicios. Por ejemplo, podría tener unos minutos extra de tiempo para su actividad favorita, elegir un dulce o golosina especial o la cena del viernes como día especial de la semana. Sin embargo, las recompensas tienen que usarse de manera muy concreta y no acostumbrar al niño a recibir recompensas por cada logro. No puede perderse el valor de la actividad realizada como tal y centrarse solo en ganar la recompensa.

Imaginemos que el niño tiene una tarea específica que hacer, como completar una hoja de 10 ejercicios. En este caso, le ayudaremos a preparar su espacio de estudio para que tenga todo lo necesario y pueda concentrarse. Luego estableceremos metas alcanzables y dividiremos la hoja de ejercicios en 2 o 3 partes con descansos entre ellas; así, repartimos los tiempos y las tareas, y hacemos que sean más sencillas de manejar. Al completar cada parte, podríamos elogiar su trabajo con sencillas afirmaciones positivas, como «buen trabajo», «¡fantástico!» o «estoy muy orgulloso de cómo has trabajado hoy». De esta forma, lograremos que el niño saque adelante sus tareas y, además, que se sienta satisfecho y aprecie el valor de su esfuerzo.

Independencia y autonomía

Sumado a todo lo anterior, una de las dificultades que suelen encontrarse los padres y familiares es la necesidad de estar presentes casi al 100 % en el desarrollo de las tareas escolares hasta edades bastante avanzadas. Sin embargo, esto es un error y puede crear sensación de dependencia o incapacidad en el niño. Por eso, fomentar la independencia y autonomía es fundamental para su desarrollo. Algunas estrategias que pueden ayudar son:

- ✓ **Establecer rutinas claras y consistentes.** Esto ayudará a nuestro hijo a organizarse y saber qué esperar en cada momento del día, lo que reduce la necesidad de supervisión constante.

- ✓ **Enseñar técnicas de organización y planificación.** Si el niño cuenta con este tipo de herramientas será capaz de dividir las tareas en pasos más pequeños y manejar su tiempo de manera efectiva.
- ✓ **Promover el uso de herramientas de apoyo.** Aquí se incluirían, por ejemplo, las agendas, las aplicaciones de organización o los recordatorios visuales, que lo ayudarán a mantenerse al tanto de sus responsabilidades.
- ✓ **Establecer expectativas bien definidas.** Para esto es necesario contar con una comunicación clara y específica de qué se espera en términos de responsabilidades y tareas del hogar. Esto ayuda a que sepan qué hacer sin necesidad de una supervisión constante.
- ✓ **Fomentar la autorresponsabilidad.** La mejor manera de conseguir esto es animar al niño a asumir la responsabilidad de sus acciones y decisiones. Esto incluye el cuidado de sus pertenencias personales, la gestión de sus tareas y de su tiempo libre. Por ejemplo, a veces como padres tratamos de ayudar preguntando en los grupos de WhatsApp las tareas que se han olvidado, algo que no favorece la autorresponsabilidad. No entregar la tarea tendrá unas consecuencias que harán que se esfuerce por mejorar su gestión.

Al implementar estas estrategias de manera gradual y consistente, nuestros hijos podrán desarrollar la confianza y las habilidades necesarias para trabajar de manera más independiente y autónoma a medida que crecen.

Relaciones sociales

Enseñar habilidades sociales es esencial para evitar problemas que afectarían al desarrollo personal, académico y social del niño. Estas dificultades incluyen la incapacidad para establecer relaciones sociales sólidas, el riesgo de aislamiento y conflictos interpersonales, así como un bajo rendimiento académico y un mayor riesgo de victimización. Además, la falta de habilidades sociales puede tener un impacto negativo en la salud mental del niño y aumentar el riesgo de ansiedad y depresión. Por lo tanto, es crucial proporcionarles el apoyo necesario para que desarrollen estas habilidades y puedan afrontar con éxito los desafíos sociales que puedan surgir.

A continuación veremos una serie de ideas para trabajar habilidades concretas ante algunas dificultades:

- ✓ **Iniciar conversaciones.** Si el niño tiene problemas para hablar con otra gente, podemos practicar con él utilizando situaciones de la vida diaria. «¿Cómo saludarías a un nuevo compañero de clase?» o «¿Cómo podrías unirte a un grupo que ya está jugando?».
- ✓ **Respetar el turno de palabra.** Una manera de acostumbrarlo a esta situación es jugar a diferentes juegos que impliquen respetar el turno de palabra y practicar con él. Por ejemplo, los juegos de mesa con reglas claras son excelentes para este propósito. Al jugar, los niños aprenden a seguir reglas, respetar turnos y manejar la competencia de una manera estructurada y positiva.

- ✓ **Participar en actividades grupales.** Aquí contamos con opciones variadas, como un equipo deportivo, un club escolar o diferentes juegos familiares, que proporcionan oportunidades habituales para interactuar socialmente. Además, ser parte de un grupo también puede mejorar la autoestima y el sentido de pertenencia.
- ✓ **Practicar habilidades de colaboración.** Esto es algo que pueden hacer mientras se divierten, si se crean momentos de juego estructurado, como construir juntos con bloques, hacer puzles o realizar manualidades.

A nivel social, es clave observar cómo interactúa nuestro hijo con otros niños en diferentes situaciones. Así podemos proporcionar hablar con él de momentos específicos, como «Hoy te vi compartir tus juguetes, ¡y eso es genial!» y reforzar esos comportamientos deseables.

En el caso concreto de niños con TDAH **enseñar estrategias para la autorregulación es muy importante.** Si el niño se frustra durante el juego, hay que darle opciones para que pueda manejar esas emociones, como tomarse un breve descanso o comunicar sus sentimientos, lo que fomenta el desarrollo emocional. Conviene especialmente enseñarle técnicas de pausar y pensar antes de actuar, ya que le permiten tomar decisiones más conscientes y reducir la impulsividad. Por ejemplo, la técnica del «semáforo» en la que el niño asocia sus emociones y acciones con los colores de un semáforo. El «rojo» significa detenerse, «amarillo» es para tomar un momento y pensar, y «verde» indica que están listos para actuar.

Tranquilidad y relajación

Otra herramienta que puede ayudar mucho a la autorregulación emocional del niño es la incorporación de actividades relajantes que ayudan a equilibrar la energía. Estos momentos también nos sirven como una pausa necesaria para recargar energías. Los niños con TDAH, a menudo, experimentan altos niveles de actividad, y estos momentos de tranquilidad contribuyen a mantener un equilibrio emocional y físico.

Al proporcionar intervalos de tranquilidad, se facilita un mejor rendimiento en tareas académicas y cotidianas, ya que se reduce la sobreestimulación y se permite renovar la concentración. Además, también se reduce el estrés. La vida de un niño con TDAH puede ser todo un reto, y los momentos de tranquilidad ofrecen un espacio relajado para liberar tensiones y relajarse.

Enseñar a los niños técnicas de relajación y *mindfulness* durante los momentos de tranquilidad les proporciona herramientas fundamentales para afrontar situaciones estresantes en el futuro.

Algunos ejemplos prácticos que los padres pueden implementar en casa para generar momentos de relajación y tranquilidad son los siguientes:

- ✓ **Establecer un rincón acogedor de lectura.** Preparar un espacio con almohadas y mantas donde el niño pueda retirarse con un libro fomenta el gusto por la lectura y proporciona un tiempo y un lugar para la tranquilidad.

- ✓ **Introducir breves sesiones de *mindfulness*.** Podemos hacerlo a través de vídeos o aplicaciones diseñadas para niños, que guíen la atención hacia la respiración y la relajación. Esto ayuda a mejorar la autorregulación emocional. Otra alternativa puede ser introducir rutinas de yoga simples y adaptadas a la edad del niño.
- ✓ **Practicar técnicas de respiración profunda.** Podemos guiar al niño a través de juegos, por ejemplo, soplar un pompero para crear burbujas o inflar un globo lentamente con cada respiración profunda y luego dejar que se desinfle lentamente.
- ✓ **Hacer ejercicios de relajación muscular progresiva.** Con estos ejercicios ayudaremos al niño a tensar y relajar distintos grupos musculares para liberar tensiones acumuladas. Por ejemplo, le pedimos al niño que se tumbe en el suelo y le vamos indicando que apriete los puños durante 5 segundos y luego los suelte, que levante los hombros hasta las orejas y los suelte, que arrugue la frente y suelte la tensión y así con cada grupo muscular que queramos relajar.
- ✓ **Establecer los baños relajantes antes de dormir.** Esto ayudará a la relajación porque sumergirse en agua caliente puede tener un efecto calmante para el sistema nervioso. El ambiente tranquilo del baño ofrece un espacio para la calma, y podemos añadir sales de baño con aromas suaves para ayudar a la relajación. Establecer un horario regular para estos baños ofrece seguridad y previsibilidad. Esta puede ser una excelente manera de prepararse para la noche.

Introducir estos momentos de calma antes de situaciones desafiantes ayuda al niño a adaptarse, a gestionar cambios de actividad o a prepararse para ir a dormir. En conjunto, estos momentos son una parte integral del apoyo necesario para el bienestar físico y emocional de los niños con TDAH.

Recursos y herramientas prácticas

Ningún manual, artículo ni entrada de blog va a proporcionarnos la ayuda concreta que nuestros hijos necesitan. Pero la información es poder y toda la información contrastada a la que podamos acceder nos ayudará a apoyarlos de la mejor manera.

Juegos

Un recurso muy útil son los juegos que ayudan a mejorar el control de la impulsividad, el autocontrol, la concentración y el déficit de atención. Veamos algunos de ellos:

- ✓ **Juegos de agilidad visual.** Ayudan al niño a mejorar su memoria de trabajo y su atención.
  - Buscar y encontrar objetos en una lámina o *memory visual,* donde se colocan las tarjetas boca abajo y el niño debe emparejar las idénticas recordando la ubicación.
  - Juegos donde debemos hacer coincidir cartas en función de criterios específicos.
- ✓ **Juegos de atención y razonamiento lógico**. Estimulan la mente del niño, mejoran su concentración y desarrollan las habilidades de resolución de problemas.

- Resolver un laberinto, un acertijo, adivinanzas visuales o algo que implique desafío mental y concentración.
- Juegos de mesa donde el niño tiene que desbloquear el paso para sacar una pieza del lugar en el que está atrapada tras mover el resto de las piezas que tiene alrededor.

✓ **Juegos de velocidad de respuesta y control inhibitorio.** Ayudan a pensar con mayor agilidad, gestionar mejor sus impulsos y controlar mejor el comportamiento.

- Juegos en los que se debe seguir una serie de instrucciones, lo que ayuda a gestionar la atención y favorece el control inhibitorio, o aquellos en los que hay que encontrar imágenes iguales rápidamente.

✓ **Juegos para mejorar la impulsividad y tolerancia a la frustración.** Sirven para controlar impulsos, tomar decisiones más calmadas y manejar situaciones frustrantes.

- Juegos que impliquen montar torres de equilibrio sin que se caigan las piezas.

Estos juegos proporcionan diversión y además son una excelente oportunidad para mejorar habilidades específicas si se adaptan a las necesidades de niños con TDAH. Tendremos que ajustar la dificultad según el nivel individual del niño para que supongan un desafío, pero alcanzable, fomentando así un **desarrollo positivo.**

ASOCIACIONES Y APOYOS

Las asociaciones autonómicas, regionales y locales pueden jugar un papel crucial al proporcionar recursos, información, asesoramiento y apoyo emocional a las familias.

En España, existen muchas asociaciones reconocidas que se centran en el TDAH. Podemos acceder a las asociaciones autonómicas y regionales a través de la Federación Española de Asociaciones de Ayuda al Déficit de Atención e Hiperactividad (FEAADAH). En ella se agrupan diversas asociaciones autonómicas de toda España y proporcionan recursos a nivel nacional. Otra opción es la Asociación Española de Ayuda a Niños con Déficit de Atención e Hiperactividad (ANSHDA).

También podemos buscar las asociaciones regionales como TDAH Madrid o TDAH Catalunya, Fundación CADAH de Cantabria, asociación ANHIPA del Principado de Asturias o la asociación APNADAH de Valencia, por ejemplo. Todas ellas aportan mucha información y recursos en sus páginas web para ayudar a familias afectadas por el TDAH. Además, desempeñan un papel vital en la construcción de comunidades y redes de apoyo y en la mejora de la calidad de vida de las personas afectadas por el TDAH y sus familias.

No podemos olvidarnos de la importancia del **apoyo personalizado** que puede aportarnos acudir a terapia cognitivo-conductual, ya que puede ser beneficioso para ayudar a los niños con TDAH a desarrollar habilidades de afrontamiento, manejo del estrés y autorregulación emocional. Además, les puede ayudar a entrenar habilidades necesarias para la vida diaria y las relaciones sociales.

Otros recursos útiles

Estar informados nos ayuda a mejorar la comprensión de los trastornos, nos proporciona consejos prácticos para abordar desafíos asociados al TDAH, nos empodera como familias y nos ayuda a establecer expectativas realistas en nuestros hijos. Para poder seguir ampliando esta formación, a continuación, se presentan algunos autores expertos en el tema y una serie de herramientas útiles para ayudar a niños con TDAH.

Autores de referencia para saber más:
Rafael Guerrero, Russell A. Barkley o Isabel Orjales Villar.

Otras herramientas:

✓ **Tecnologías de asistencia**

- Podemos encontrar aplicaciones de organización y gestión del tiempo diseñadas específicamente para ayudar a las personas con TDAH a mantenerse organizadas y administrar su tiempo de manera efectiva. Estas aplicaciones pueden incluir funciones como recordatorios, listas de tareas, calendarios y seguimiento de objetivos. También existen aplicaciones de concentración que utilizan técnicas de atención plena y meditación para ayudar a reducir la distracción.

✓ **Materiales adaptados**

- Existen recursos como cuadernos y organizadores especializados diseñados para ayudar a los estudiantes con TDAH a mantenerse organizados y seguir un horario. Estos materiales pueden incluir secciones separadas para diferentes asignaturas, recordatorios visuales y herramientas de planificación.

También se pueden aprovechar materiales sensoriales que utilizan varios sentidos, como la vista, el tacto y el oído. Por ejemplo, hay juegos de matemáticas que incluyen elementos físicos que se pueden manipular, o aplicaciones interactivas con componentes visuales o auditivos que ayudan a reforzar conceptos difíciles de manera más efectiva.

Además, tenemos los **cuentos infantiles** y las actividades que llevamos a cabo para que nuestros hijos se conozcan mejor, entiendan qué les pasa y comprendan sus dificultades. Hay ciertos consejos que nos pueden ayudar a elegir recursos que se adapten a las características de nuestros hijos con TDAH:

- ✓ Escoge libros y actividades que se alineen con los intereses específicos del niño. Por ejemplo, si le gusta la aventura, busca libros con tramas emocionantes y llenas de acción. Si prefiere la ciencia, elige actividades relacionadas con experimentos o descubrimientos científicos.
- ✓ Opta por libros con un formato atractivo, como ilustraciones vibrantes, letras grandes y párrafos cortos. Estos serán más útiles porque los libros con contenido visualmente estimulante pueden mantener la atención del niño durante más tiempo.
- ✓ Busca libros con una narrativa envolvente y emocionante. Las historias con giros inesperados, personajes

interesantes y extravagantes, y diálogos dinámicos pueden captar la atención del niño y mantenerlo enganchado en la lectura.

- ✓ Ofrece una variedad de géneros literarios para mantener el interés del niño. Puedes incluir libros de ficción, no ficción, cómics, poesía, libros de actividades y más. Permitir que el niño explore diferentes géneros puede ayudarlo a descubrir sus preferencias de lectura.
- ✓ Incorpora actividades interactivas relacionadas con la lectura, como juegos de palabras, rompecabezas, crucigramas o actividades de escritura creativa. Estas actividades pueden hacer que la experiencia de lectura sea más divertida y estimulante para el niño.
- ✓ Considera utilizar adaptaciones visuales y auditivas para complementar la lectura, como audiolibros, libros con imágenes o libros interactivos en formato digital. Estas adaptaciones pueden ayudar a mantener la atención del niño y facilitar la comprensión del contenido.

Sé flexible y paciente al elegir libros y actividades. Es posible que el niño tenga preferencias y necesidades cambiantes, y tendremos que adaptarnos a sus intereses y ritmos de aprendizaje. Experimenta con diferentes opciones y observa qué funciona mejor para él.

Pero **¿qué libros pueden ser útiles para un niño con TDAH?** Se recomiendan libros que aborden temáticas específicas y características que puedan ser relevantes para su experiencia, como ocurre con cualquier otro niño. Aquí tienes algunos tipos de libros infantiles que podrían ser interesantes:

- ✓ **Libros con personajes que tengan TDAH.** Las historias que presenten personajes con características similares a las del niño con TDAH pueden ayudar a que se sienta identificado y comprendido. Estos personajes pueden afrontar desafíos similares en términos de atención, impulsividad o hiperactividad.
- ✓ **Libros sobre la gestión de emociones, el autocontrol y la resolución de problemas.** Los libros que aborden estas temáticas de manera accesible y atractiva pueden ser de gran ayuda para que el niño con TDAH aprenda estrategias para regular sus emociones y comportamientos.
- ✓ **Libros con estrategias prácticas.** Algunos libros están diseñados específicamente para enseñar habilidades prácticas de afrontamiento y manejo del TDAH. Pueden incluir actividades, ejercicios y consejos para mejorar la atención, la organización y el autocontrol.
- ✓ **Libros con humor.** Las historias humorísticas y los libros que incluyen elementos cómicos pueden ser especialmente atractivos para niños con TDAH, ya que el humor puede hacer que la lectura sea más entretenida y ayudar a mantener la atención del niño durante más tiempo.

Al final de este libro se incluye una amplia bibliografía y una selección de recursos útiles con los que seguir ampliando información sobre el tema.

En resumen...

- ✓ El TDAH se manifiesta de diferentes formas y no solo con hiperactividad e impulsividad.
- ✓ Es importante acudir a especialistas médicos, educativos y psicológicos para afrontar el TDAH de nuestro hijo.
- ✓ A pesar de las dificultades, los niños con TDAH también tienen muchas fortalezas como la creatividad, la energía, el pensamiento rápido y la multitarea.
- ✓ Establecer rutinas, apoyar en las tareas escolares y las relaciones sociales y fomentar los momentos de tranquilidad son estrategias importantes en su vida diaria.
- ✓ Establecer rutinas, mejorar las habilidades organizativas, dar apoyo en las tareas escolares y fomentar los momentos de relajación pueden ser clave para el desarrollo integral de nuestro hijo con TDAH.
- ✓ Conocer los diferentes recursos con los que contamos y acercarse a asociaciones y grupos de apoyo pueden ser las herramientas que marquen la diferencia.

CAPÍTULO V

DISLEXIA O LOS DESAFÍOS ESPECIALES DE LA LECTURA

QUÉ ES LA DISLEXIA: DEFINICIÓN Y TIPOS

La dislexia es un término que a menudo escuchamos en los centros educativos cuando existe una dificultad en la lectura, pero entender exactamente qué implica puede resultar confuso. La dislexia es un trastorno del aprendizaje que afecta a la manera en que el cerebro procesa la información escrita y hablada. En general, la dislexia se asocia principalmente con dificultades en la lectura, pero en realidad, abarca mucho más que eso.

Imaginemos que el cerebro es una especie de ordenador. Cuando leemos, escribimos o hablamos, nuestro cerebro procesa una gran cantidad de información de manera rápida y eficiente. Sin embargo, para alguien con dislexia, este proceso puede ser más complicado. La dislexia afecta a la forma en que el cerebro procesa los sonidos del lenguaje y cómo se relacionan con las letras y las palabras. Esto puede dificultar la lectura, la escritura, la ortografía e incluso la comprensión del lenguaje.

Hay diferentes tipos de dislexia; cada uno con sus propios desafíos. Estos son algunos de los tipos más comunes:

- ✓ **Dislexia fonológica.** Se caracteriza por dificultades para reconocer y manipular las palabras. Al leer no se procesan las palabras de manera global, en su lugar, se tiende a deducir las palabras en vez de leerlas. Algunos de los errores más comunes son los siguientes:
  - Errores visuales al leer, cambiando algunas letras. Por ejemplo, leer «hipotomo» donde pone «hipopótamo» o cambiar «pato» por «pito».
  - Errores derivativos al leer, es decir, mantienen la parte inicial de la palabra, pero cambian el final, como por ejemplo leer «amigo» como «amistad» o «ambulatorio» como «ambulancia».
- ✓ **Dislexia superficial.** En este tipo de dislexia, los niños pueden confundir palabras que tienen una apariencia similar, pero tienen significados diferentes (vaca y baca) y pueden tener dificultades con palabras de otros idiomas. Además, se puede detectar que la lectura se hace más lenta cuando la longitud de las palabras aumenta.
- ✓ **Dislexia mixta.** Algunas personas tienen una combinación de dificultades fonológicas y superficiales, lo que se conoce como dislexia mixta. En este caso, leer y escribir puede llegar a ser especialmente complicado.

Hay que recordar que la dislexia no está relacionada con la inteligencia. Las personas con dislexia suelen tener habilidades intelectuales normales o incluso superiores a la media. Sin embargo, pueden necesitar enfoques de aprendizaje diferentes para tener éxito en la escuela y en la vida cotidiana.

En cuanto a la detección, ¿cuándo empiezan a mostrarse los síntomas? La edad en la que se suele detectar e identificar la dislexia puede variar, pero generalmente los síntomas comienzan a manifestarse cuando los niños están en la etapa de aprendizaje de la lectura y la escritura, es decir, entre los 5 y 7 años de edad. Sin embargo, en algunos casos, la dislexia puede no reconocerse hasta más tarde, especialmente si los síntomas son leves o si el niño recibe apoyo adicional en casa o en el colegio, lo que puede enmascarar las dificultades.

Aunque podamos detectar algún síntoma, es importante recordar que la identificación de la dislexia debe hacerla un profesional de la salud especializado en trastornos del aprendizaje, como un psicólogo educativo o un neuropsicólogo, quien evaluará los síntomas y llevará a cabo pruebas específicas para determinar si el niño presenta esta dificultad del aprendizaje.

INDICADORES, FORTALEZAS Y DESAFÍOS ESPECÍFICOS

Al igual que en cualquier necesidad educativa especial, es determinante reconocer lo antes posible los indicadores que pueden ayudarnos a identificar una posible dislexia. Así evitaremos que se agrave su impacto en el día a día de quienes la padecen.

Una persona con dislexia podría tener dificultades en tareas tan simples como leer un menú o seguir instrucciones escritas, o en actividades más complejas como estudiar para un examen o redactar un correo electrónico. Toparse con problemas en actividades habituales puede generar frustración, estrés y una sensación de incompetencia que como padres y familiares podemos trabajar de manera temprana. Cuando tratamos con niños, nuestra ayuda es de gran importancia, ya que, a menudo, las personas con dislexia deben emplear estrategias de adaptación en su vida diaria para superar estos desafíos, lo que puede requerir un esfuerzo adicional por parte de familiares y educadores.

Aunque cada individuo con dislexia es único, existen algunas señales frecuentes que pueden ayudarnos a detectar esta necesidad educativa.

- ✓ La velocidad de lectura suele ser más lenta de lo normal para su edad cronológica. Tienden a leer despacio, con mucho esfuerzo y dudando de lo que leen.
- ✓ Suelen tener dificultades para reconocer palabras, decodificar el texto y comprender lo que leen. Esto puede manifestarse omitiendo o sustituyendo palabras, así como en falta de fluidez al leer en voz alta.
- ✓ La ortografía puede ser todo un desafío para las personas con dislexia debido a las dificultades para recordar la secuencia de letras en palabras comunes o la aplicación de reglas ortográficas.
- ✓ La falta de sincronización entre el pensamiento y la expresión escrita pueden manifestarse en incoherencia y desorden en las tareas escolares, textos que no tienen un orden correcto, oraciones con mala estructura gramatical, etc.

- ✓ Muestran dificultad para mantener la atención en tareas escritas por el esfuerzo que requiere el proceso de lectura. Esto provoca que a veces se confunda con TDAH.
- ✓ En ocasiones muestran dificultad con la orientación temporal y espacial. Pueden tener problemas para aprender los días de la semana, los meses, las horas o la orientación izquierda-derecha.
- ✓ La memoria a corto plazo puede estar comprometida, lo que puede dificultar la retención de información al leer o escribir. Puede parecer que están despistados y recuerdan pocos detalles.
- ✓ Las dificultades en la lectura pueden afectar el rendimiento académico y a la motivación para ir al colegio. Esto puede hacer que, a veces, se muestre dejadez, inseguridad e incluso rechazo en el ámbito escolar.

Tal como indicamos al hablar del TDAH, estos indicadores no deben considerarse diagnósticos por sí mismos y es importante tomarlos con precaución y teniendo en cuenta que tienen que darse de una forma mantenida y repetida en el tiempo. Por esto es importante que, si observamos algo peculiar o que nos llame la atención, nos pongamos en manos de profesionales educativos y psicopedagógicos que nos puedan ayudar a aclarar nuestras sospechas.

Como venimos explicando a lo largo de todo el libro, los niños con dislexia o con cualquier otra necesidad especial no solo mostrarán una serie de dificultades en el aprendizaje, sino que también pueden mostrar grandes fortalezas que se pueden utilizar para favorecer su desarrollo. Aquí se describen algunas de las más comunes en este tipo de necesidad educativa.

PENSAMIENTO CREATIVO	PERSPECTIVA GLOBAL
Notable capacidad para pensar de manera creativa y fuera de lo convencional. Esto les permite abordar problemas desde perspectivas únicas y encontrar soluciones innovadoras.	Capacidad para ver el panorama general en lugar de centrarse en detalles específicos. Les permite captar ideas complejas de manera intuitiva y comprender conceptos de forma global.
Por ejemplo, es habitual que tengan facilidad para generar ideas originales en proyectos artísticos o creativos, como la elaboración de historias, dibujos o composiciones musicales.	Por ejemplo, suelen tener facilidad para entender temas complejos en ciencias o historia, porque son capaces de captar las conexiones entre diferentes eventos o conceptos.
PENSAMIENTO VISUAL	PENSAMIENTO INTUITIVO
Excelente capacidad para pensar en imágenes y visualizar conceptos tridimensionales. Esto les permite comprender mejor el mundo que les rodea y resolver problemas de manera visual.	Gran intuición y capacidad para percibir patrones y tendencias de manera instintiva. Les permite establecer conexiones rápidas y encontrar soluciones prácticas a los problemas.
Por ejemplo, pueden destacar en actividades que requieren pensamiento espacial, como resolver rompecabezas, diseñar estructuras o interpretar mapas.	Por ejemplo, tienen habilidad para identificar patrones en series numéricas o secuencias temporales, lo que ayuda en la resolución de problemas matemáticos o en la organización de tareas.

Apoyarnos en estas fortalezas puede hacer que nuestros hijos con dislexia puedan afrontar sus dificultades y mejorar el desarrollo de muchas de sus habilidades. Además, reconocer y apoyar el desarrollo de estas fortalezas les ayuda a forjar su autoestima y favorece al total de su crecimiento.

PERO ¿QUÉ HAGO SI SOSPECHO QUE MI HIJO TIENE DISLEXIA?

Si sospechas que tu hijo podría tener dislexia, es importante buscar el apoyo necesario para abordar la situación y ofrecerle la ayuda que pueda necesitar.

En el caso de la dislexia, al no tener una base médica como otros trastornos, el primer contacto suele ser con el centro educativo. En primer lugar, debes comunicarte con los maestros de tu hijo para compartir tus inquietudes y obtener su perspectiva sobre el rendimiento de tu hijo en el aula. Los maestros pueden proporcionar observaciones diferentes y recomendar evaluaciones o recursos adicionales.

Si se confirma la identificación de dislexia, es el momento de empezar a trabajar con los profesionales clínicos (psicólogos) y de la educación (docentes) para encontrar el sistema de apoyo que mejor se adapte al niño. Esto podría incluir:

- ✓ **Servicios de orientación educativa.** Serán quienes evalúen al niño, determinen sus necesidades y desarrollen un plan de apoyo.
- ✓ **Terapia de lectura.** La realiza un psicólogo, psicopedagogo o pedagogo y se enfoca en desarrollar las habilidades fonológicas del niño para leer y escribir con

mayor precisión y fluidez; mejorar las estrategias de lectura para usar letras y sonidos de manera correcta en la lectura de palabras nuevas; y favorecer la comprensión lectora.

- ✓ **Tecnología asistida.** Se utiliza con niños de primaria para mejorar la comprensión de textos a través de programas de lectura en voz alta o a través de libros electrónicos con funciones de asistencia como el resaltado de texto o definición de palabras.
- ✓ **Otras estrategias de apoyo.** Se podría plantear por parte del docente tutor la enseñanza en grupos pequeños para proporcionar atención más individualizada u ofrecer tiempo extra en la realización de tareas y exámenes, algo que, como padres, tenemos que ver como positivo ya que reduce el estrés, la ansiedad y la fatiga, además de que puede ayudar a mejorar el rendimiento académico.

Además, ya en el ámbito familiar, es importante ofrecer a tu hijo un ambiente de apoyo y comprensión mientras afronta los desafíos asociados con la dislexia. Una buena manera de ayudarle es fomentar su autoestima destacando sus fortalezas y logros, y ofrecerle oportunidades para desarrollar habilidades a través de actividades con las que se sienta **seguro y competente,** como pueden ser los juegos.

Recuerda que cada niño es único y que debemos abordar sus necesidades ajustándonos a él. Con el apoyo adecuado y las intervenciones apropiadas, los niños con dislexia pueden alcanzar su máximo potencial académico y personal.

¿CÓMO PUEDO AYUDAR A MI HIJO EN SU DÍA A DÍA?

Desarrollar buenas estrategias para la vida diaria de los niños con dislexia es fundamental porque les ayudará a superar los desafíos asociados con la lectura, la escritura y el procesamiento del lenguaje. Esto les permite acceder al contenido educativo con mayor facilidad y mejorar su rendimiento académico. Al enseñarles a utilizar herramientas y técnicas concretas, fomentamos su autonomía y autoconfianza. Esto les permite enfrentarse a las tareas diarias y a los desafíos escolares con mayor seguridad y habilidad.

Además, cuando los niños con dislexia aprenden a superar obstáculos y a tener éxito en sus actividades diarias, se fortalece su autoestima. El dominio de las habilidades prácticas les ofrece una sensación de logro y les ayuda a sentirse más competentes y valorados.

Y es que cuando los niños tienen que lidiar con la dislexia sin herramientas pueden sentirse frustrados o estresados. Al proporcionarles estrategias efectivas, les damos herramientas para gestionar estas situaciones de manera más positiva y constructiva.

Además, las habilidades y técnicas aprendidas en la infancia tienen un impacto duradero en la vida adulta. Si enseñamos a nuestros hijos estrategias efectivas desde una edad temprana, les estamos proporcionando herramientas que les serán útiles a lo largo de su vida académica y profesional.

A continuación, se plantean algunas estrategias que pueden ser útiles para apoyar a los niños con dislexia en su vida diaria.

TÉCNICAS DE LECTURA Y ESCRITURA	• Enseñanza multisensorial • Lectura guiada • Uso de ayudas visuales • Lectura de libros adaptados • Comprensión oral y escrita • Escritura creativa • Tecnología asistida
TAREAS ESCOLARES Y ORGANIZACIÓN	• Organización del espacio de trabajo • Planificación y gestión del tiempo • Técnicas de estudio efectivas
HABILIDADES SOCIALES	• Fomento de la autoestima • Práctica de la empatía • Enseñanza de habilidades de comunicación • Fomento de la participación en actividades grupales • Apoyo en la resolución de conflictos
HABILIDADES MOTORAS Y DE COORDINACIÓN	• Coordinación mano-ojo • Destreza manual

TÉCNICAS DE LECTURA Y ESCRITURA

Para ayudar a nuestro hijo con su forma única de procesar la información, existen técnicas de lectura adaptadas que ayudan a abordar estas dificultades. Estas técnicas nos ayudarán a mejorar su comprensión, fluidez y velocidad lectora, así como a reducir la fatiga y promover su autoconfianza. Algunos ejemplos de técnicas sencillas son los siguientes:

✓ **Enseñanza multisensorial.** Cuando el niño está aprendiendo a leer es importante utilizar métodos que involucren varios sentidos, como la vista, el oído y el tacto, porque esto apoya el aprendizaje de la lectura. Para ello contamos con materiales manipulativos, canciones, rimas y juegos para reforzar la asociación entre letras y sonidos.

Por ejemplo, entre los 4 y los 6 años puedes utilizar letras de plástico o cartón para que tu hijo pueda sentir y manipular las formas de las letras mientras pronuncia los sonidos correspondientes. Al enseñar la letra «a», pídele que trace la forma de la letra con el dedo mientras emite el sonido «a».

La enseñanza multisensorial favorece la lectura y la escritura porque activa, a través de los sentidos, diferentes vías neuronales en el cerebro, que fortalecen áreas relacionadas con la memoria, el lenguaje y el aprendizaje. Por ejemplo, al asociar los sonidos de las letras con sentidos como el tacto y el movimiento, los estudiantes parecen aprender a leer con mayor precisión y fluidez. Además, la enseñanza multisensorial, ayuda a desarrollar la motricidad de las manos necesaria para escribir.

✓ **Lectura guiada.** Leer con el niño permite proporcionarle apoyo mientras practica la lectura en voz alta. Se pueden alternar turnos mientras se leen párrafos o páginas para practicar juntos, lo que les ofrecerá modelos de lectura precisos, ya que tienen la oportunidad de observar y escuchar a un adulto leer en voz alta de manera fluida, expresiva y con comprensión. La lectura guiada no es solo lectura pasiva: el adulto interactúa con el niño antes, durante y después. Esta interacción ayuda a comprender mejor el texto. Además, el adulto puede modelar y enseñar al niño estrategias de lectura que les ayudará a desarrollar fluidez y comprensión lectora.

Por ejemplo, podemos leer un párrafo o una página de un libro junto con el niño, alternando turnos para leer en voz alta. Mientras leemos, señalamos las palabras con el dedo para ayudarlo a seguir visualmente el texto. Además, podemos hacer pausas para hablar sobre el significado del texto y hacer preguntas que favorezcan su comprensión. Algunas preguntas que podemos usar son: ¿Qué pasó en la historia hasta este punto? ¿Quiénes son los personajes principales y qué hacen? ¿Dónde y cuándo tiene lugar la historia? ¿Por qué crees que el personaje tomó esa decisión? ¿Qué crees que sucederá después?

✓ **Uso de ayudas visuales.** Los elementos visuales pueden proporcionar una forma alternativa de acceder a la información y a la comprensión. Para ello se pueden utilizar técnicas sencillas en niños con 6-7 años como las tarjetas de vocabulario ilustradas en las que se incluye una palabra escrita junto con una imagen que representa su significado.

Además, en todas las edades se pueden utilizar calendarios visuales con imágenes representativas de las actividades diarias o los eventos importantes que pueden ayudar a los estudiantes con dislexia a organizar su tiempo y anticipar lo que viene a continuación. Estos calendarios proporcionan una referencia visual que les ayuda a establecer rutinas y planificar sus actividades de manera más efectiva.

- ✓ **Lectura de libros adaptados.** Existen libros adaptados específicamente para niños con dislexia que utilizan fuentes claras, interlineado amplio y un lenguaje adaptado. Cuando los libros tienen este formato, son más accesibles y facilitan la lectura para los niños con dislexia.

  También se puede acompañar la lectura con los audiolibros que correspondan a los libros que está leyendo. Así, puede seguir el texto mientras escucha la narración, y así puede mejorar la comprensión auditiva y la asociación entre las palabras impresas y sus pronunciaciones.
- ✓ **Comprensión oral y escrita.** Fomenta conversaciones significativas con el niño, haciéndole preguntas sobre lo que lee y escucha, y animándolo a expresar sus propias ideas por escrito. Por ejemplo, después de ver una serie o una película en familia, pregúntale sobre sus personajes favoritos o el tema principal de la historia.
- ✓ **Escritura creativa.** Además de ayudarle con la lectura, también se puede impulsar las habilidades de escritura. Proporcionarle oportunidades para escribir cuentos inventados, diarios personales, poemas u otros textos creativos puede ser de gran ayuda. Además, así se fomenta una de sus fortalezas: el pensamiento creativo.
- ✓ **Tecnología asistida.** Como padres podemos enseñarles a utilizar de un modo correcto herramientas tecnológicas como programas de reconocimiento de voz que les permitan escribir textos con la voz, co-

rrectores ortográficos que les ayuden a identificar las faltas de ortografía y aplicaciones de lectura y escritura diseñadas para niños con dislexia. Estas herramientas pueden ayudar a compensar las dificultades de lectoescritura y escritura, y aumentar su independencia.

Tareas escolares y organización

Para ayudar a tu hijo con dislexia a ser más independiente y autónomo en la realización de tareas, puedes implementar diversas estrategias y proporcionar diferentes tipos de apoyo. Aquí tienes algunos ejemplos:

- ✓ **Organización del espacio de trabajo.** Para lograr una organización correcta del espacio de trabajo, tienes que crear un espacio de estudio tranquilo, bien iluminado y libre de distracciones. Puede ser de ayuda utilizar organizadores de escritorio, estanterías y carpetas para mantener los materiales escolares ordenados y accesibles, así como etiquetar los compartimentos y los archivos con colores o imágenes para facilitar la identificación de los recursos.
- ✓ **Planificación y gestión del tiempo.** Para planificar correctamente el tiempo puedes ayudar a tu hijo a establecer un horario de estudio regular y a dividir las tareas en pasos más pequeños y manejables. Para ello, utiliza calendarios y agendas para visualizar las fechas límite de las tareas y los eventos importantes. Esto le

enseñará a establecer prioridades y a distribuir el tiempo de manera eficiente para cada tarea.
Por ejemplo, podemos crear juntos un calendario semanal donde identificamos las actividades habituales, como ir a clase, las actividades extraescolares y el tiempo de estudio. Luego, utilizando colores diferentes para cada actividad colocamos recordatorios visuales en lugares estratégicos de la casa, como la puerta de la nevera o su escritorio. Durante el día, consultamos las listas de tareas y establecemos prioridades, dividiendo las actividades en pasos más pequeños y manejables. Al final del día, revisamos juntos lo que se consiguió y lo que queda pendiente, celebrando los logros y ajustando las estrategias según sea necesario para mejorar la organización y la gestión del tiempo.

✓ **Técnicas de estudio efectivas.** Enseñarle técnicas de estudio efectivas puede ser una gran herramienta para evitar el fracaso escolar. Por ejemplo, subrayar, tomar notas y resumir la información puede ser clave. Además puedes ayudarle a usar mapas mentales, diagramas y otras herramientas visuales para organizar ideas y conceptos. A través de modelos y ejemplos, el niño puede aprender a aplicar estas técnicas en diferentes asignaturas y tipos de tareas. Aquí tienes algunos ejemplos de técnicas de estudio para niños con dislexia:

- **Mnemotécnicas.** Enseñar a los niños técnicas mnemotécnicas puede ayudarles a recordar información de manera más efectiva. Las reglas mnemotécnicas son técnicas de memoria que utilizan palabras, frases o imágenes para la información. Se basan en la asociación para crear conexiones entre lo que se quiere recordar y algo que ya se conoce y es fácil de recordad. Esto incluye utilizar acrónimos (NOSE para recordar Norte, Oeste, Sur y Este), asociaciones visuales (para recordar las partes de una célula, se puede utilizar una imagen donde cada parte esté representada por un objeto reconocible. Por ejemplo, el núcleo de la célula puede asociarse a un sol brillante en el centro) o frases fáciles de memorizar para recordar conceptos o secuencias de información (para recordar la secuencia de los colores del arco iris: «Rojo, Naranja, Amarillo, Verde, Azul, Índigo y Violeta» se puede usar la frase «Rosa Nada A VEces INcluso VIajando»).

- **Organizadores gráficos.** El uso de herramientas visuales como mapas conceptuales, diagramas de flujo o tablas comparativas puede ayudar a organizar ideas, resumir textos y relacionar conceptos de manera clara y coherente. Así pueden visualizar las relaciones entre los conceptos y comprenderlos y memorizarlos mejor. Por ejemplo, para estudiar la historia de un país, se puede crear un mapa mental con los eventos principales y sus conexiones.
- **Grabaciones de audio.** Grabar las lecciones o los materiales de estudio en formato de audio puede ser útil para los niños con dislexia, ya que les permite escuchar la información tantas veces como sea necesario para comprenderla y memorizarla.

- **Uso de colores.** Asignar un color específico a cada tema, concepto o tipo de información ayuda a organizar y categorizar la información de manera visualmente clara. Esto facilita la identificación rápida de diferentes secciones o temas en las notas o materiales de estudio. Al resaltar partes importantes del texto o notas con colores diferentes, se pueden destacar relaciones y patrones importantes. Esto hace que la información sea más comprensible y fácil de procesar.

Habilidades sociales

Trabajar en las habilidades sociales y las relaciones personales de nuestros hijos con dislexia es fundamental para su desarrollo personal, emocional, académico y social. Así estarán preparados para una vida plena y exitosa. Para ello podemos centrarnos en los siguientes ámbitos:

✓ **Fomento de la autoestima.** Ayuda a tu hijo a desarrollar una imagen positiva de sí mismo. Para conseguirlo, céntrate en sus fortalezas y logros, y anímalo a participar en actividades en las que destaque como arte, música, deporte o cualquier otro interés que le motive.
Celebra los logros de tu hijo, por pequeños que sean, y reconoce su esfuerzo y persistencia. Anímalo a afrontar los desafíos y a ver los errores como oportunidades de aprendizaje. Dile lo orgulloso que estás de él por lo que ha conseguido, pregúntale qué le

gustaría conseguir a continuación en su proceso de aprendizaje y ayúdale a establecer metas realistas y alcanzables.

- ✓ **Práctica de la empatía.** Enséñale a tu hijo a comprender y considerar los sentimientos de los demás. Practica el reconocimiento de emociones en situaciones cotidianas y habla sobre cómo podrían sentirse otras personas en diferentes situaciones.
- ✓ **Enseñanza habilidades de comunicación.** Practica la comunicación verbal y no verbal con tu hijo. Enséñale a mantener contacto visual, a escuchar activamente y a expresar sus pensamientos y sentimientos de manera clara y respetuosa.
- ✓ **Fomento de la participación en actividades grupales.** Involucra a tu hijo en actividades extracurriculares donde pueda interactuar con otros niños, como deportes de equipo, clubes o clases de arte. Estas experiencias proporcionan oportunidades para practicar habilidades sociales en un entorno estructurado y de apoyo.
- ✓ **Apoyo en la resolución de conflictos.** Enseña a tu hijo estrategias para resolver conflictos de manera pacífica y constructiva. Por ejemplo: escuchar el punto de vista del otro, buscar compromisos y pedir ayuda a un adulto si es necesario.

Recuerda que cada niño es único, así que adapta estas estrategias según las necesidades individuales de tu hijo y busca el apoyo de profesionales si es necesario.

Habilidades motoras y de coordinación

Además de apoyar el desarrollo de habilidades de lectura, hay muchas otras áreas en las que puedes ayudar a tu hijo con dislexia. El desarrollo de estas otras habilidades es crucial porque compensa las dificultades específicas a través de otras competencias como las habilidades motoras. Además, al fomentar estas habilidades, proporcionamos espacios seguros alejados de esos ámbitos donde tienen dificultades y enseñamos habilidades prácticas y cotidianas, como la gestión del tiempo, la organización o la planificación de tareas que garantizarán un mayor éxito educativo y personal. Así, se reduce el estrés, porque participan en actividades más gratificantes y relajantes para ellos.

Las habilidades motoras y de coordinación son esenciales para desarrollar la coordinación mano-ojo y la destreza manual, como dibujar, pintar, modelar con plastilina o practicar deportes que requieran habilidades motrices finas como el uso correcto de las manos, y gruesas como el uso correcto de nuestros brazos y piernas. Algunos ejemplos serían el baloncesto en el primer caso o la natación en el segundo.

Al brindarle apoyo en estas áreas, estarás ayudando a tu hijo a desarrollar un conjunto completo de habilidades que le permitirán una mejora en el seguimiento de instrucciones, su escritura puede ser ilegible y el desarrollo motor puede ayudar a mejorarla. Además, los niños con dislexia pueden tener problemas de coordinación que pueden evitarse con el desarrollo de estas habilidades.

Recursos y herramientas prácticas

En el hogar existen numerosos recursos y herramientas prácticas que pueden facilitar el aprendizaje y el desarrollo de los niños con dislexia. Aunque es importante insistir en que aplicar estas técnicas no va a ser suficiente si tu hijo tiene una necesidad educativa especial, siempre debemos tener presente que el apoyo familiar complementa a la ayuda de los especialistas o del colegio.

Aquí se presentan algunas opciones efectivas:

Juegos

Los niños aprenden jugando ya que les permite explorar, experimentar y descubrir de manera activa y motivadora. El juego facilita la adquisición de conceptos y sirve para consolidar aprendizajes que de otro modo costaría mucho más.

Actualmente, encontramos muchos juegos para el desarrollo de todo tipo de habilidades. En el caso de la dislexia nos interesará desarrollar habilidades que fortalezcan la lectura y la escritura, la memoria y la agilidad mental.

Aquí tienes cuatro tipos de juegos que pueden ser beneficiosos para ayudar a tu hijo:

- ✓ **Juegos de memoria.** Los juegos de memoria visual o auditiva, como juegos de memoria con cartas o donde se repiten secuencias de sonidos o palabras, pueden ayudar a mejorar la retención visual y la memoria a corto plazo. Al emparejar cartas o fichas con imágenes, los niños practican la concentración y la atención, habilidades importantes para la lectura y la escritura.

- ✓ **Juegos de palabras.** Juegos que impliquen la manipulación y asociación de palabras o frases como crucigramas, sopas de letras, juegos de palabras cruzadas o juego de asociación de palabras son excelentes para mejorar el reconocimiento de letras y la formación de palabras. Estos juegos fomentan la familiaridad con el vocabulario, así como la comprensión de las estructuras de palabras.
- ✓ **Juegos de ortografía y lectura.** Existen juegos de mesa y aplicaciones móviles diseñados específicamente para practicar la ortografía y la lectura de manera divertida, como juegos de construcción de palabras, juegos de completar frases o juegos de identificar errores gramaticales.
- ✓ **Juegos de pistas y adivinanzas.** Los juegos de buscar objetos en imágenes, búsqueda de las diferencias o resolver laberintos pueden ayudar a desarrollar la atención y la percepción visual, todas ellas habilidades útiles para la comprensión de lectura. Además, las adivinanzas y juegos de pistas pueden fomentar el razonamiento lógico y la resolución de problemas.

Al integrar estos juegos en las actividades diarias del niño, las familias podemos vivir momentos compartidos divertidos y estimulantes que fortalecen las habilidades de lectura, de escritura y cognitivas, así como nuestra relación con el niño.

Asociaciones y otros apoyos

Al igual que comentamos en el capítulo referido al TDAH, existen asociaciones autonómicas, regionales y locales que pueden brindarnos apoyo, recursos, información y asesoramiento.

A nivel nacional contamos con gran cantidad de asociaciones reconocidas que podemos encontrar recogidas en la Federación Española de Dislexia. Así mismo, en la web de la propia federación encontramos muchos recursos y jornadas formativas e informativas. También contamos con Plataforma Dislexia formada por 19 Asociaciones de Dislexia y 2 federaciones regionales.

Si buscamos asociaciones autonómicas encontraremos, al menos, una en cada comunidad autónoma y unas cuantas regionales y locales, como pueden ser la Asociación Andaluza de Dislexia (ASANDIS), la Asociación Valenciana de Dislexia (AVADIS), la Asociación Gallega de Dislexia (AGADIX) o Madrid con la Dislexia. Todas ellas aportan mucha información y recursos útiles para familias afectadas por la dislexia de sus hijos.

Gracias a estas federaciones y asociaciones se puede encontrar una comunidad y red de apoyo que ayudará a mejorar el conocimiento sobre esta necesidad educativa especial y, por tanto, mejorar la forma de apoyar a los niños.

Otros recursos útiles

Formarse e informarse es una de las herramientas fundamentales para que las familias tengan mayor control en el uso de estrategias efectivas. Por ello, a continuación, se presenta una selección de autores cuyas obras puedes leer para documentarte más sobre la dislexia y otras herramientas con las que puedes contar.

Autores de referencia para saber más: Fernando Cuetos, Rufina Pearson, Évelyne Pannetier, Luz Rello o Brock L. Eide.

Además, podemos utilizar la literatura infantil, como cuentos o cómics, para explicar al niño qué le pasa, qué significa tener dislexia y poder ayudarle a comprender sus dificultades. Sin perder de vista que son niños con dificultades en la lectura hay una serie de consejos a la hora de elegir libros para ellos:

- ✓ **Elige libros con fuentes claras y legibles.** Opta por libros con texto claro, bien espaciado y con un tamaño de letra lo suficientemente grande como para facilitar la lectura. Evita las fuentes cursivas o con estilos complicados.
- ✓ **Prioriza libros con ilustraciones significativas.** Las imágenes pueden ayudar a los niños con dislexia a comprender el contenido del texto y a contextualizar la historia. Busca libros con ilustraciones claras y relevantes que complementen el texto.
- ✓ **Selecciona libros con un lenguaje sencillo y estructura clara.** Elige libros que utilicen un vocabulario apropiado para la edad del niño y que tengan una estructura narrativa clara y fácil de seguir. Evita libros con oraciones complejas o párrafos muy largos.
- ✓ **Busca libros con formatos alternativos.** Algunos niños con dislexia pueden beneficiarse de audiolibros,

libros electrónicos con funciones de lectura en voz alta o libros con texto resaltado mientras se lee en voz alta.

✓ **Selecciona libros en los que se aborden temas de interés para el niño.** Libros en los que se traten temas que interesen y motiven a tu hijo. Esto puede aumentar su motivación para leer y ayudarlo a desarrollar habilidades de comprensión lectora.

Consulta con profesionales de la educación. Si no estás seguro de qué libros son más adecuados para tu hijo, consulta con maestros, bibliotecarios u otros profesionales de la educación que puedan recomendarte libros apropiados para su nivel de lectura y sus intereses.

Al final de este libro podrás encontrar una amplia bibliografía y una selección de recursos útiles con los que seguir ampliando información sobre el tema.

En resumen…

- ✓ La dislexia afecta a la forma en que el cerebro procesa la información escrita y hablada y por eso se manifiesta en dificultades en la lectura, la escritura, la ortografía y la comprensión del lenguaje.
- ✓ La dislexia no tiene relación con la inteligencia. De hecho, las personas con dislexia tienen habilidades intelectuales normales o superiores a la media.
- ✓ Los síntomas suelen manifestarse en la etapa de aprendizaje de la lectura y la escritura, entre los 5 y 7 años.
- ✓ Ofrecer un ambiente de apoyo, reconocer y trabajar en las fortalezas del niño y buscar ayuda profesional para desarrollar un plan de intervención individualizado son estrategias fundamentales.

Como padres podemos desarrollar técnicas de lectura y escritura, apoyar en las tareas escolares favoreciendo el uso de técnicas de estudio efectivas y promover el desarrollo de las habilidades sociales y motoras como base de su desarrollo integral.

CAPÍTULO VI

ALTAS CAPACIDADES. DESAFIAR E IMPULSAR EL TALENTO

RECONOCER LAS SEÑALES DE LAS ALTAS CAPACIDADES: DEFINICIÓN Y TIPOS

El término altas capacidades es un concepto que se utiliza para describir a aquellos individuos cuyo potencial intelectual está significativamente por encima del promedio. Estos niños tienen una capacidad para aprender, comprender y procesar la información de manera excepcionalmente rápida y profunda en comparación con sus iguales.

Imagina que el cerebro de una persona con altas capacidades es como un poderoso telescopio que puede observar el universo con una claridad y profundidad sorprendentes. Este telescopio tiene la capacidad de enfocarse en detalles mínimos y captar patrones que otros podrían pasar por alto. Sin embargo, como cualquier instrumento sofisticado, también requiere un manejo cuidadoso y una comprensión especializada para aprovechar todo su potencial. Así como un astrónomo necesita entender cómo calibrar y ajustar un telescopio para obtener las mejores imágenes del cosmos, quienes rodean a una persona con altas capacidades deben comprender cómo apoyar y estimular su curiosidad, su sed de conocimiento y su capacidad para conectar ideas de manera creativa.

Las altas capacidades se pueden clasificar en varias categorías. Normalmente se confunde con la superdotación. Esto ocurre porque la superdotación es una de las categorías, tal y como se explica a continuación:

- ✓ **Precocidad intelectual.** Se refiere a la manifestación temprana de habilidades intelectuales avanzadas en niños a partir de los 3 años. Estos niños muestran un desarrollo cognitivo acelerado y pueden alcanzar hitos intelectuales antes de lo previsto para su edad. Por ejemplo, leer antes de los 3-4 años, sumar y restar antes de los 5, etc. Esta categoría de altas capacidades existe porque las otras dos, la superdotación y el talento, no se suelen identificar hasta pasados los 7 años, ya que hasta esa edad las pruebas no son lo suficientemente fiables. Es importante saber que un niño que es precoz puede tener o no altas capacidades en su vida adulta. Por ello debemos ser cautelosos cuando vemos solo pequeños rasgos de esta tendencia.
- ✓ **Superdotación.** Normalmente se refería a un cociente intelectual (CI) excepcionalmente alto, superior a 130 en pruebas estandarizadas. El CI medio en España es entre 90 y 109. Ahora se valora como una capacidad excepcional en una o varias áreas del desarrollo humano, que va más allá de un alto coeficiente inte-

lectual. Estas personas muestran un alto nivel de habilidades cognitivas en diversas áreas, como la comprensión verbal, el razonamiento lógico-matemático y la creatividad, lo que se traduce en muy buenas habilidades para aprender rápido en todas las áreas académicas.

✓ **Talento.** Se refiere a poseer habilidades excepcionales en un área específica como las artes, las matemáticas, la música, el deporte o cualquier otra área del conocimiento. El talento puede manifestarse de dos maneras:
  - **Talento simple.** Se refiere a una habilidad destacada en una sola área: verbal, matemática, lógica, creativa, etc. Estas personas muestran un rendimiento excepcional en un campo específico.
  - **Talento complejo.** Se caracteriza por la capacidad de integrar una elevada capacidad en tres o más habilidades. Los más comunes son el talento académico, por ejemplo, cuando un niño de 8 años resuelve problemas matemáticos complejos; y el talento artístico figurativo, por ejemplo, cuando un niño puede realizar dibujos con gran realismo y detalle.

Es importante comprender que la detección de las altas capacidades va más allá de simplemente calcular el CI de un niño, ya que, si bien el CI es una herramienta útil, no es el único indicador de las capacidades de un individuo. Es como tratar de entender toda la belleza de una pintura observando solo un pequeño detalle. Para captar la verdadera magnitud del talento de un niño es necesario un enfoque multidimensional que considere aspectos como la creatividad, la resolución de problemas, el pensamiento crítico y las habilidades sociales.

Solo al tener en cuenta todas estas cuestiones se puede identificar adecuadamente las altas capacidades en los niños. Este es el primer paso para proporcionarles el apoyo y los recursos necesarios para prosperar, alcanzar su máximo potencial en todas las áreas de sus vidas y superar los prejuicios que envuelven a este tipo de necesidad especial.

En el ámbito educativo, existe una falsa creencia de que las personas con altas capacidades tienen un rendimiento académico sobresaliente y sacan buenas notas en todo. Por ello, los niños con altas capacidades pueden no recibir el apoyo adecuado en entornos educativos tradicionales, lo que puede llevar al aburrimiento en el aula y al fracaso escolar. Para evitar este tipo de problemas, es necesario identificar las altas capacidades y adaptar el entorno educativo para satisfacer las necesidades específicas de los alumnos. Así, se les puede ofrecer desafíos intelectuales adecuados que permiten desarrollar todo su potencial y favorecen su bienestar emocional.

Indicadores, fortalezas y desafíos específicos

Cuando nos sumergimos en el mundo de las altas capacidades nos encontramos con un universo repleto de talento, creatividad y desafíos únicos. Reconocer algunos de sus indicadores y las características más comunes es un modo de poder identificarlos de manera temprana y apoyar esas necesidades.

Detectar las altas capacidades puede ser un desafío, ya que no siempre se manifiestan de manera evidente. Sin embargo, hay ciertos indicadores que pueden ayudarnos a identificar a estos individuos:

- ✓ **Lenguaje muy desarrollado.** Los niños con altas capacidades pueden presentar un vocabulario amplio y complejo. Empiezan a hablar pronunciando varias palabras, muestran estructuras complejas muy pronto, comprenden dobles sentidos a edades muy tempranas, etc.
- ✓ **Precocidad en una o varias áreas.** Pueden mostrar aprendizaje autodidacta en uno o varios ámbitos. Aprenden a leer, sumar, restar o tocar un instrumento sin que apenas nos paremos a enseñarles.
- ✓ **Curiosidad insaciable.** Tienen una sed constante de conocimiento y muestran un interés profundo en temas complejos y abstractos desde una edad temprana, por ejemplo, la muerte, las guerras, el universo, etc.
- ✓ **Rapidez de aprendizaje.** Absorben nueva información con facilidad y pueden dominar conceptos difíciles en poco tiempo. Por ejemplo, ideas abstractas como la filosofía, problemas matemáticos o la lectura de la música de manera autodidacta. Además, suelen mostrar una comprensión profunda y sofisticada. Es decir, no necesitan mucha repetición, van más allá de la mera memorización y analizan de manera crítica lo que aprenden, ya que son conscientes de su propio aprendizaje. Por ejemplo, formulan preguntas sobre

el mundo que les rodea y buscan respuestas a través de la investigación propia.

✓ **Sensibilidad y perfeccionismo**. Pueden ser altamente sensibles a su entorno, mostrar una gran preocupación por la justicia y la equidad, y buscar la perfección en sus actividades y proyectos.

✓ **Creatividad desbordante.** Son capaces de generar ideas originales, resolver problemas de manera innovadora y pensar de forma no convencional.

Además de estos indicadores, es importante mostrar aquellas características que pueden utilizarse como fortalezas para desarrollar todo el potencial del niño.

Pensamiento crítico	Independencia y autonomía
Habilidad excepcional para analizar información de manera crítica y llegar a conclusiones argumentadas, así como cuestionar el *statu quo* (lo establecido) y evaluar diferentes perspectivas y argumentos.	Prefieren trabajar de manera independiente y pueden resistirse a seguir reglas o estructuras impuestas por otros.
Por ejemplo, cuando se les enseña sobre un tema histórico, pueden analizar diversas fuentes de información, cuestionar los puntos de vista tradicionales y desarrollar sus propias conclusiones basadas en una evaluación crítica.	Por ejemplo, pueden mostrar un fuerte deseo de explorar nuevos temas y conceptos por su cuenta, utilizando recursos como libros, internet y documentales para ampliar su conocimiento más allá del plan de estudios tradicional.

Perseverancia y determinación	Intereses amplios y variados
Muestran una fuerte voluntad por alcanzar sus metas. Persisten incluso frente a desafíos y obstáculos significativos.	Se sienten atraídos por una variedad de temas y actividades, tienen una curiosidad insaciable y una sed constante de conocimiento.
Por ejemplo, si no logran resolver un problema a la primera, no se desaniman, sino que ven el desafío como una oportunidad para mejorar sus habilidades y estrategias, demostrando una resiliencia admirable ante la adversidad.	Por ejemplo, pueden mostrar entusiasmo por la lectura, la ciencia, las artes, la música, los deportes y otros campos, y estar constantemente buscando nuevas oportunidades para explorar y aprender en estas áreas.

Aunque las altas capacidades ofrecen innumerables oportunidades, también pueden venir acompañadas de desafíos únicos que requieren atención y apoyo especializados:

✓ **Aburrimiento y desmotivación.** La falta de desafíos adecuados en el entorno educativo puede llevar a la desmotivación y al aburrimiento. Esto puede hacer que busquen nuevas formas de estimulación intelectual y muestren desinterés en las actividades escolares, lo que afecta negativamente al rendimiento académico y emocional. En ocasiones, este aburrimiento puede manifestarse en comportamientos disruptivos o desafiantes con los que buscan estimulación adicional.

✓ **Diferencias sociales**. Pueden sentirse desconectados de sus compañeros de clase debido a las diferencias en intereses, nivel de desarrollo emocional o habilidades sociales. Es necesario ofrecerles apoyo y orientación para desarrollar habilidades sociales positivas y construir relaciones significativas con otros.

- ✓ **Expectativas excesivas.** Las altas expectativas de los demás pueden generar presión adicional sobre ellos, lo que aumenta el riesgo de ansiedad y perfeccionismo. Este perfeccionismo puede traducirse en un esfuerzo excesivo por alcanzar estándares demasiado altos en sus actividades académicas y personales. Es importante fomentar un ambiente de apoyo y aceptación donde se valore el esfuerzo y la mejora personal por encima del rendimiento académico.
- ✓ **Necesidades educativas especiales.** Requieren un enfoque educativo adaptado que satisfaga sus necesidades únicas de aprendizaje y que incluya oportunidades para la exploración, la creatividad y el pensamiento crítico.
- ✓ **Posibles dificultades conductuales y de salud mental.** Derivados de los desafíos de los cuatro puntos anteriores, algunos niños con altas capacidades pueden enfrentarse a dificultades conductuales y de salud mental. Aunque tradicionalmente se ha asociado a estos niños con un rendimiento académico excepcional y habilidades cognitivas avanzadas, también pueden experimentar dificultades emocionales y de comportamiento derivados de lo siguiente:
  - **Sensibilidad emocional.** Algunos niños con altas capacidades son especialmente sensibles emocio-

nalmente y pueden experimentar emociones intensas. Esta sensibilidad puede contribuir a generar problemas de salud mental como ansiedad, depresión o baja autoestima.

- **Desajuste emocional.** Los niños con altas capacidades suelen enfrentarse al desafío de ajustarse a nivel emocional, ya que sus habilidades cognitivas son avanzadas, pero siguen siendo niños. Esto puede hacer que se sientan incomprendidos o frustrados por la falta de personas con las que puedan relacionarse en un nivel similar.
- **Conductas desafiantes.** Son niños que a veces pueden desafiar la autoridad y resistirse a seguir reglas y normas que consideren innecesarias o restrictivas. Esto puede deberse a su deseo de autonomía y su capacidad para cuestionar lo establecido.
- **Negativismo.** Algunos niños con altas capacidades pueden desarrollar actitudes negativas hacia el aprendizaje o la autoridad, especialmente, si se sienten abrumados por las expectativas o si perciben que no se les está estimulando y ofreciendo retos suficientes.

Por todo esto, hay que desterrar el mito de que los niños con altas capacidades no necesitan apoyo emocional o psicológico. De hecho, se enfrentan a dificultades propias que requieren atención y comprensión específicas. Las familias y los docentes y profesionales de la psicología educativa deben estar atentos a las necesidades emocionales y conductuales de estos niños. Para mitigar los posibles problemas conductuales y de salud mental, debemos ofrecerles un ambiente de apoyo, oportunidades adecuadas para desafiarse y estrategias para manejar el estrés y la ansiedad.

Es crucial reconocer y apreciar las altas capacidades en todas sus formas y ofrecer un entorno de apoyo y comprensión que les permita ser ellos mismos, brillar y alcanzar su máximo potencial.

Pero ¿qué hago si sospecho que mi hijo tiene altas capacidades?

Si sospechas que tu hijo podría tener altas capacidades, es importante tomar algunas medidas para comprender mejor sus necesidades y proporcionarle el apoyo adecuado. En primer lugar, observa el comportamiento, intereses y habilidades de tu hijo en diferentes situaciones y entornos, para hablar con los docentes y poder obtener su perspectiva y observaciones sobre su desempeño académico y social.

Si observamos varios de los indicadores anteriormente mencionados de un modo llamativo y durante un tiempo prudencial se recomienda consultar con el centro educativo y/o con profesionales de psicopedagogía para una evaluación más completa. Normalmente, el primer paso es solicitar una evaluación psicopedagógica al centro educativo. Pero cabe la posibilidad de poder realizarla de manera externa, ya que en los centros educativos se suele identificar de manera muy tardía esta necesidad. Si bien es cierto que a menos que se trate de un caso muy marcado, no se suele identificar hasta pasados los 6-7 años ya que se consideran habilidades evolutivas que no se pueden medir con rigor en edades tan tempranas.

Cabe destacar que la identificación de las altas capacidades tiene como fin la recepción de recursos educativos como el enriquecimiento, la ampliación curricular o la aceleración.

✓ El **enriquecimiento curricular** implica la profundización en los contenidos de lo impartido de manera ordinaria. Esto se logra a través de actividades y experiencias que amplían conocimiento y desafían intelectualmente.

✓ **La ampliación curricular** supone añadir contenido y modos de evaluar de edades superiores y que sean ajustadas a la edad intelectual del niño. Esto le permitirá avanzar a un ritmo más rápido.

✓ **La aceleración** es la medida más extraordinaria que hay y es la que se da en menor número de casos, ya que implica avanzar al niño 1-2 cursos escolares y separarlo de su grupo de referencia. Esta decisión se toma de manera individualizada, considerando siempre su madurez emocional, social y psicológica por parte del equipo de orientación

Las altas capacidades tienen el hándicap de que suele ser una **necesidad educativa invisible** y que tiene menor apoyo o atención que otras. Para abordar este tipo de complicaciones, considera programar una cita con un psicólogo educativo o un pedagogo para tratar tus preocupaciones y obtener una evaluación más formal de las capacidades de tu hijo. Estos profesionales pueden realizar pruebas específicas y ofrecer recomendaciones sobre cómo apoyar mejor a tu hijo en su desarrollo.

Además del trato con profesionales, es importante que la familia dedique tiempo a investigar sobre las características y comportamientos comunes en niños con altas capacidades. Esto te ayudará a comprender mejor si los rasgos que observas en tu hijo podrían indicar altas capacidades y qué tipo de apoyo podría beneficiarle.

Independientemente de si tu hijo es identificado oficialmente como altas capacidades o no, debemos proporcionarle oportunidades de enriquecimiento y retos estimulantes en casa. Esto podría incluir libros, actividades extracurriculares, proyectos creativos o clases adicionales que estimulen sus intereses y habilidades.

Recuerda que cada niño es único y que las altas capacidades pueden manifestarse de diferentes maneras. Lo más importante es estar atento a las necesidades individuales de tu hijo y buscar las mejores formas de apoyarlo en su desarrollo académico, social y emocional.

Estrategias para la vida diaria

El impacto de las altas capacidades en el día a día y su relación con el entorno social y emocional son aspectos fundamentales para comprender cómo estas características excepcionales afectan a la vida diaria de los individuos y su interacción con el mundo que les rodea. Para suavizar este impacto, las familias con niños con altas capacidades pueden tener varios aspectos en cuenta:

Crear un entorno enriquecido con actividades estimulantes

Crear un entorno estimulante en casa para un niño con altas capacidades puede ser una experiencia gratificante y beneficiosa tanto para él como para toda la familia, pero también puede ser complejo si no tenemos las herramientas y conocimientos necesarios. Aquí te dejo algunas ideas para lograrlo:

- ✓ **Fomentar la curiosidad.** Estimula la curiosidad de tu hijo proporcionándole acceso a recursos, como libros, juegos, experimentos científicos y materiales artísticos. Anímale a plantear preguntas y proponles retos y desafíos.
  Entre las actividades que se le pueden sugerir están visitar museos que le puedan interesar, realizar experimentos (como crear un volcán o cultivar cristales), observar el cielo con un telescopio, crear guías de viaje en los viajes familiares o descubrir curiosidades de nuestro entorno más cercano como la fauna, la flora, el arte, la escultura o lo que pueda interesarle más.
- ✓ **Ofrecer oportunidades de aprendizaje autodirigido.** Proporciona a tu hijo tiempo y espacio para explorar sus intereses y perseguir proyectos personales. Permítele elegir actividades y establecer sus propios objetivos de aprendizaje, sin obligarle a realizar actividades que decidamos nosotros sin consultar.
  Por ejemplo, dejar que elija sus libros en función de sus temas de interés u ofrecerle acceso a plataformas o bibliotecas con cursos y recursos accesibles.

- ✓ **Incorporar desafíos.** Introduce desafíos y rompecabezas que estimulen el pensamiento crítico, la resolución de problemas y la creatividad. Por ejemplo, juegos de mesa estratégicos, rompecabezas difíciles como acertijos matemáticos o basados en la lógica o proyectos de construcción complejos.
- ✓ **Promover el diálogo y la discusión.** Dedica tiempo para hablar sobre temas interesantes y desafiantes en familia. Fomenta el intercambio de ideas, el debate y la reflexión crítica sobre diferentes puntos de vista. En ocasiones te pueden preguntar cosas que ni tú mismo sabes y es importante no sentirse vulnerable ni evitar la pregunta. Como adultos deberíamos mostrar que es normal no saberlo todo y que, en ocasiones, tenemos que buscar la respuesta.

  Para llevar esto a cabo podemos establecer momentos familiares para debatir noticias actuales o temas de interés, organizar cenas temáticas donde juguemos a juegos con desafíos o aprendizaje cultural y que fomenten la conversación o el intercambio de ideas.
- ✓ **Fomentar la creatividad.** Proporciona oportunidades para que tu hijo explore su creatividad a través del dibujo, la pintura, la música, la escritura o cualquier otra expresión artística que le interese.

  Para ello, podemos proporcionar diferentes materiales artísticos: pinturas, papel, lápices de colores o arcilla, animar a crear historias inventadas o utilizar un diario de escritura o de dibujo donde expresar sus pensamientos y emociones de manera creativa.

✓ **Ser un modelo a seguir.** Demuestra interés por el aprendizaje y la exploración continua en tu propia vida. Tu actitud positiva hacia el descubrimiento y el crecimiento personal puede inspirar a tu hijo a seguir tus pasos.
Muestra entusiasmo cuando tu hijo quiera aprender algo nuevo y no tengas miedo de mostrar tus vulnerabilidades. Al hacerlo, crearás un ambiente familiar auténtico y les enseñarás a tu hijo una lección sobre la importancia de aceptar y superar las limitaciones.

Al crear un entorno enriquecido y desafiante en casa estás proporcionando a tu hijo con altas capacidades la oportunidad de desarrollar todo su potencial y disfrutar del aprendizaje de una manera significativa y emocionante.

Evitar la sobreexigencia

Ante un hijo con altas capacidades suele ser habitual la exigencia excesiva por esos altos niveles de desarrollo, inteligencia y rendimiento. Es fundamental reducir esta sobreexigencia para garantizar su bienestar emocional y su desarrollo saludable. Aquí se describen algunas estrategias para lograrlo:

✓ **Mantener el equilibrio.** Asegúrate de que tu hijo encuentre un equilibrio saludable entre trabajo académico, actividades extraescolares, tiempo de diversión, juego libre y descanso. Es importante equilibrar el aprendizaje estructurado con el tiempo de ocio y relajación. Se suele cargar a estos niños de actividades extraescolares debido a su curiosidad y motivación insaciable, pero debemos encontrar ese equilibrio.

- ✓ **Celebrar el esfuerzo, no solo los resultados.** Reconoce y elogia el esfuerzo y la perseverancia de tu hijo en lugar de centrarte únicamente en los logros académicos. Valora el proceso de aprendizaje y el crecimiento personal. Es importante enseñar que equivocarse es parte natural del aprendizaje para que su perfeccionismo no se convierta en un obstáculo para su desarrollo y puedan enfrentar los desafíos con resiliencia y creatividad. Valorar el esfuerzo por encima de lo perfecto ayuda a reducir la ansiedad y el miedo al fracaso.
- ✓ **Fomentar el autocuidado.** En ocasiones, se observa que los niños con altas capacidades duermen menos, se dedican a actividades más sedentarias como leer, utilizar la robótica o la programación, tocar instrumentos musicales, etc. Enseña a tu hijo la importancia de cuidar su bienestar físico, emocional y mental. Anímales a practicar hábitos saludables, como dormir lo suficiente, hacer ejercicio y expresar sus emociones.
- ✓ **Proporcionar apoyo emocional.** Al ser niños que parecen mucho más maduros, tendemos a creer que nos necesitan menos. Trata de escuchar activamente a tu hijo y bríndale apoyo emocional cuando lo necesite. Anímalo a expresar sus sentimientos y preocupaciones, y ofrece consuelo y orientación cuando surjan dificultades.

- ✓ **Fomentar la diversificación de intereses.** Anima a tu hijo a explorar una variedad de intereses y actividades en lugar de enfocarse únicamente en áreas académicas. A veces, observarás que tu hijo muestra cierta tendencia obsesiva con algunos temas puramente académicos. Diversificar sus intereses y experiencias le ayudará a desarrollar una identidad más completa y equilibrada.
- ✓ **Buscar apoyo profesional.** Si sientes que estás luchando para evitar la sobreexigencia, si tu hijo muestra signos de estrés o ansiedad o crees que algo se te escapa considera buscar el apoyo de un psicólogo que pueda daros las pautas necesarias y concretas para vuestro caso.

Buscar apoyo profesional es fundamental para evitar dificultades conductuales y de salud mental en nuestros hijos con altas capacidades, ya que un profesional de la psicología o psicopedagogía puede proporcionar estrategias específicas y recursos para ayudar a los niños a manejar estas dificultades. De esta forma, se favorece su bienestar emocional y social a largo plazo y se logra el autocontrol y manejo de problemas como la rebeldía, la conducta desafiante, el negativismo, el sentimiento de no encajar y la sensación de soledad e incomprensión de las que hablábamos anteriormente.

Al implementar estas estrategias, puedes ayudar a tu hijo a desarrollar una relación saludable con el aprendizaje y el rendimiento académico, y promover así su bienestar emocional y su éxito a largo plazo.

RELACIONES SOCIALES

Ayudar a un hijo con altas capacidades a mejorar su ámbito social y emocional es crucial para su bienestar integral. Algunos pueden desarrollar una autoestima elevada y una confianza en sus habilidades, lo que les permite desarrollarse con determinación y persistencia. Sin embargo, debemos tener en cuenta que incluso aquellos con una autoestima aparentemente sólida pueden enfrentarse a dificultades emocionales internas debido a la presión autoimpuesta para alcanzar el éxito.

Esto puede repercutir en el entorno social y hacer que lleguen a sentirse incomprendidos o marginados por sus compañeros debido a sus intereses y habilidades diferentes. Pueden tener dificultades para encontrar personas con las que compartir sus intereses intelectuales o para adaptarse a las normas sociales establecidas.

Aquí se describen algunas estrategias para apoyarlo en este aspecto:

✓ **Fomentar la empatía.** Enséñale a tu hijo a comprender y valorar los sentimientos y perspectivas de los demás. Anímalo a practicar la empatía a través de actividades, como ponerse en el lugar de otros, escuchar activamente y ofrecer ayuda cuando sea necesario. Por ejemplo, puedes preguntarle cómo se sentiría si estuviera en la situación de un compañero que está triste porque perdió un juego.

✓ **Enseñar habilidades de resolución de conflictos.** Practica con tu hijo diferentes estrategias para resolver conflictos de manera pacífica y constructiva. Por ejemplo, puedes enseñarle a usar el «método del semáforo» (rojo-detenerse, amarillo-pensar y verde-actuar) para resolver disputas con sus amigos en el patio de recreo.

✓ **Favorecer la colaboración.** Promueve actividades colaborativas donde tu hijo pueda trabajar en equipo con otros niños. Esto le ayudará a desarrollar habilidades de trabajo en grupo, resolución de conflictos y toma de decisiones compartidas.
Por ejemplo, prepara una comida especial en familia. El niño puede participar en la elección del menú, ayudar en la cocina con tareas apropiadas para su edad, como lavar las verduras o frutas, mezclar ingredientes, y luego disfrutar juntos del resultado final. Esta experiencia ofrece la oportunidad de trabajar juntos hacia un objetivo común y también fomenta la comunicación y el disfrute mutuo.

✓ **Facilitar la colaboración abierta.** Crea un ambiente familiar en el que tu hijo se sienta cómodo compartiendo sus pensamientos, sentimientos y preocupaciones. Por ejemplo, puedes dedicar tiempo cada día para hablar sobre cómo fue su día en el colegio y cualquier cosa que le haya hecho sentir feliz, triste o preocupado.

✓ **Ofrecer oportunidades sociales.** Busca oportunidades para que tu hijo se relacione con otros niños de intereses similares, ya sea a través de actividades extracurriculares, grupos de juego o campamentos temáticos. Así conocerá a personas con quienes puedan compartir sus pasiones e intereses. Por ejemplo, inscribirlo en un deporte de equipo le brindará la oportunidad de interactuar con sus compañeros y desarrollar habilidades sociales.

- ✓ **Enseñar estrategias de autorregulación emocional.** Ayuda a tu hijo a identificar y manejar sus emociones de manera saludable. Enséñale técnicas de relajación, como la respiración profunda o la visualización, para controlar el estrés y la ansiedad. Anímale también a buscar actividades que les ayuden a canalizar sus emociones de manera constructiva, como el arte, la música o el deporte. Esto ayudará a ofrecer un ambiente de apoyo a todos sus desafíos emocionales, como el perfeccionismo, la ansiedad o la frustración.

Actividades extraescolares enriquecedoras

Una parte fundamental de la vida de los niños con altas capacidades es el tipo de actividades que lleva a cabo dentro y fuera del colegio. Dentro del colegio no tenemos mucha potestad como familia y vamos a depender del propio centro, del docente y de los apoyos y recursos de los que disponga. Pero las familias sí podemos elegir unas actividades extraescolares que puedan enriquecer y aportar mejoras a nuestro hijo. Aquí tienes una serie de recomendaciones para saber cómo elegirlas:

- ✓ **Buscar programas especializados.** Investiga y encuentra programas o talleres extraescolares que se adapten a los intereses y habilidades de tu hijo. Lo mejor es que, dentro de sus temáticas, aporten un enfoque flexible y variado que permitirá que tu hijo explore diferentes áreas de interés y desarrolle habilidades variadas. Por ejemplo: clubes de ciencias, matemáticas, arte, música, deportes específicos, debates, teatro... También podemos encontrar talleres específicos en alguna asociación para familias con altas capacidades.

- ✓ **Explorar opciones creativas.** Considera actividades menos convencionales que puedan estimular la creatividad y el pensamiento innovador, como clases de robótica, programación, teatro, o talleres de escritura creativa.
- ✓ **Tener en cuenta el equilibrio.** Asegúrate de que las actividades extraescolares no sobrecarguen a tu hijo. Busca un equilibrio entre desafío y diversión, y asegúrate de que tenga tiempo suficiente para relajarse y socializar fuera de las actividades.

Al implementar estas estrategias, puedes ayudar a tu hijo con altas capacidades a desarrollar habilidades sociales y emocionales para establecer relaciones sanas con sus iguales.

Recursos y herramientas prácticas

Vuelvo a insistir en que el uso de estos recursos y herramientas nos proporciona ayuda como padres y familia, pero nunca sustituirá la ayuda necesaria a nivel educativo y psicopedagógico. Eso sí, la información es poder y todo lo que puedas hacer como padre ayudará y apoyará las necesidades de tu hijo.

Juegos

Algunos juegos que pueden ayudar a niños con altas capacidades a desarrollar sus habilidades cognitivas y creativas pueden ser los siguientes:

- ✓ **Juegos de construcción.** Estos juegos fomentan la creatividad, la resolución de problemas y el pensamiento espacial. Los niños pueden diseñar y construir estructuras complejas y explorar así conceptos de ingeniería y arquitectura.
    - Por ejemplo, puedes darle a tu hijo una variedad de bloques de construcción y desafiarle a crear una ciudad imaginaria, un vehículo futurista o una máquina inventada.
- ✓ **Juegos de mesa estratégicos.** En los que los jugadores deben tomar decisiones tácticas y estratégicas para alcanzar un objetivo.
    - Por ejemplo, los juegos de conquista que implican la toma de decisiones estratégicas, la negociación y el pensamiento crítico son ideales para desarrollar habilidades sociales y cognitivas mientras se divierten. El ajedrez es el gran juego relacionado con los niños con altas capacidades; no apasiona por igual a todos los niños pero es cierto que estimula el pensamiento estratégico, la concentración y la capaci-

dad de planificación a largo plazo. Jugar con tu hijo o animarlo a unirse a un club de ajedrez local para interactuar con otros niños con intereses similares puede ser desafiante y enriquecedor para él.

✓ **Juegos de lógica y puzles.** Estos desafían la mente a través de problemas que requieren razonamiento deductivo, resolución de problemas y pensamiento lateral.
   - Por ejemplo, los sudokus que ayudan a mejorar la capacidad de concentración, el razonamiento lógico y la resolución de problemas. Puedes proporcionarle a tu hijo algunos rompecabezas de sudoku de nivel apropiado para su edad y habilidad, y animarle a completarlos utilizando su lógica y habilidades matemáticas.

✓ **Juegos de palabras y vocabulario.** Estos juegos fomentan la creatividad, el pensamiento rápido y la ampliación del vocabulario.
   - Por ejemplo, juegos de palabras cruzadas o juegos de adivinanzas y asociación de palabras.

Proporcionar un ambiente de juego estimulante y enriquecido es esencial para el desarrollo óptimo de los niños con altas capacidades, porque a través del juego desarrollarán habilidades necesarias para compensar sus dificultades.

Asociaciones y apoyos

Al igual que hemos explicado en los apartados relativos a TDAH y a dislexia, las asociaciones juegan un papel fundamental para ayudarnos como familias y también encontramos muchas dedicadas a la atención de las altas capacidades.

En España podemos encontrar información en la Confederación Española de Asociaciones de Altas Capacidades, donde podemos localizar muchas asociaciones de carácter autonómico y regional. También podemos contar con la Asociación Española de Superdotación y Altas Capacidades (AESAC).

Contamos con grandes plataformas y asociaciones como la Asociación de Apoyo a las Familias con Altas Capacidades de Toledo (FACTO), la Asociación Navarra para las Altas Capacidades (ANAC), la Asociación Valenciana de Apoyo al Superdotado y Talentoso (AVAST), entre otras muchas en todas las comunidades autónomas.

Gracias al contacto con asociaciones y organizaciones que apoyan y forman a familias con niños con altas capacidades, mejoraremos nuestros conocimientos y nuestra forma de actuar con nuestro hijo, y además conseguiremos crear una comunidad y una red con personas que están viviendo lo mismo que nosotros.

Otros recursos útiles

En este apartado podrás encontrar una selección de autores que puedes leer para documentarte más sobre las altas capacidades y otras herramientas con las que puedes contar.

Autores de referencia para saber más:

Carmen Sanz Chacón, Olga Carmona, Steven Pfeiffer o Javier Tourón.

Otras herramientas:

✓ **Recursos digitales** como plataformas de aprendizaje *online* con cursos y recursos adaptados para niños con altas capacidades, como Khan Academy, Coursera for Kids o TED-Ed. Si tu hijo es mayor de 7 años puedes utilizar de manera pautada y controlada algunas aplicaciones móviles y juegos educativos que proporcionen desafíos intelectuales y promuevan el pensamiento crítico y la resolución de problemas en ámbitos de su interés.

✓ **Materiales de aprendizaje avanzado.** Busca libros y materiales de lectura que sean del interés de tu hijo. Dependiendo de su área de interés se pueden encontrar libros más divulgativos y que profundicen. Por ejemplo: libros de divulgación científica, obras literarias clásicas, o materiales sobre temas especializados. Además, puedes adquirir kits de experimentos científicos, instrumentos de arte avanzado, o materiales de construcción y programación para fomentar la exploración y la creatividad de tu hijo en áreas como la ciencia, la tecnología, la ingeniería y las matemáticas. Todo ello teniendo en cuenta las recomendaciones de los especialistas para no caer en la sobreexigencia, en la multitarea y en el exceso de actividades para la edad de tu hijo.

Además podemos contar con recursos y cuentos infantiles que nos pueden ayudar con nuestro hijo con altas capacidades, para desarrollar algunas habilidades concretas, para disfrutar leyendo, para retarse o para entender mejor qué le pasa. Aquí tienes una serie de indicaciones para saber escoger de manera adecuada estos recursos:

- ✓ **Nivel de desafío.** Busca materiales que desafíen y estimulen la mente del niño. Por ejemplo: libros con vocabulario avanzado, tramas complejas o actividades que requieran habilidades cognitivas superiores. Debemos olvidarnos de mirar la edad recomendada y adaptarnos al nivel al que está nuestro hijo y que será indicado por los profesionales educativos y clínicos con los que estemos trabajando.
- ✓ **Intereses del niño.** Ten en cuenta los intereses particulares del niño al seleccionar libros o actividades. Busca temas que despierten su curiosidad y lo motiven a aprender más. A veces buscamos temáticas populares, cuando debemos dejar escoger a nuestro hijo sus temáticas favoritas.
- ✓ **Variedad de formatos.** Ofrece una variedad de libros y actividades en diferentes formatos, como libros ilustrados, novelas, libros de no ficción, rompecabezas, juegos de mesa, actividades artísticas, etc. Esto les permite a los niños explorar diferentes áreas de interés y desarrollar habilidades diversas.
- ✓ **Flexibilidad y adaptabilidad.** Busca materiales que puedan adaptarse fácilmente a las necesidades y habilidades del niño. Esto puede significar elegir libros con diferentes niveles de lectura o actividades que se puedan modificar según el nivel de habilidad del niño. Por ejemplo, si estás buscando libros para un niño con altas capacidades pero que aún no ha desa-

rrollado plenamente sus habilidades de lectura, podrías optar por libros con una combinación de texto e imágenes. Estos libros pueden ofrecer contenido interesante y desafiante, pero también permiten al niño comprender la historia a través de las ilustraciones si encuentra el texto demasiado difícil de leer. De esta manera, el material se adapta a su nivel de lectura, pero sigue ofreciendo una experiencia enriquecedora y estimulante.

En cuanto a las temáticas o tipos de libros recomendados para niños con altas capacidades, algunos ejemplos serían:

- ✓ **Libros de retos y desafíos.** Pueden ser muy beneficiosos para niños con altas capacidades porque estos libros suelen ofrecer actividades y rompecabezas que desafían el pensamiento crítico, la resolución de problemas y la creatividad. Pueden proporcionar una salida para su curiosidad y energía intelectual, así como oportunidades para desarrollar nuevas habilidades y explorar áreas de interés. Además, los retos pueden ayudar a mantener al niño comprometido y motivado en su aprendizaje, al ofrecerle una experiencia educativa divertida y gratificante. Sin embargo, es importante seleccionar libros de retos que sean apropiados para la edad y nivel de habilidad del niño, para asegurarse de que sean desafiantes pero alcanzables.
- ✓ **Libros de ciencia y tecnología.** Explorar temas como el espacio, la naturaleza, la física, la biología o la tec-

nología puede ser fascinante para niños con altas capacidades que tienen un interés particular en el mundo que les rodea.

- ✓ **Libros de historia y biografías.** Narraciones inspiradoras sobre figuras históricas, inventores, científicos o líderes pueden captar la atención de los niños con altas capacidades y motivarlos a aprender más sobre diferentes épocas y culturas.
- ✓ **Libros de filosofía y pensamiento crítico.** Introducir conceptos filosóficos o libros que planteen preguntas profundas y estimulen el pensamiento crítico puede ser especialmente interesante para niños con altas capacidades que disfrutan de los desafíos intelectuales.
- ✓ **Libros de arte y creatividad.** Explorar el arte, la música, la escritura creativa u otras formas de expresión artística puede inspirar la creatividad y la imaginación en niños con altas capacidades.

Al final de este libro podrás encontrar una amplia bibliografía y una selección de recursos útiles con los que seguir ampliando información sobre el tema.

En resumen…

- ✓ Las altas capacidades implican tener un potencial intelectual significativamente más alto que el promedio.
- ✓ La superdotación es solo una categoría más dentro de las altas capacidades, como el talento y la precocidad intelectual.
- ✓ El CI es importante, pero no lo es todo. Se requiere un enfoque multidimensional que considere otras habilidades como la creatividad, la resolución de problemas o el pensamiento crítico.
- ✓ Los niños con altas capacidades se enfrentan a la falta de apoyo en los entornos educativos tradicionales. Por pueden sufrir fracaso escolar y aburrimiento y llegar a tener malas calificaciones.
- ✓ Ofrecer un ambiente enriquecedor y estimulante es clave para dar apoyo a las altas capacidades desde edades tempranas y así favorecer el desarrollo integral de su máximo potencial.

CONCLUSIONES

Construir un futuro inclusivo

Llegamos al final de este libro y es el momento de reflexionar sobre lo aprendido y mirar hacia el futuro con esperanza y determinación. Hemos recorrido juntos un camino lleno de desafíos y descubrimientos, durante el cual hemos explorado multitud de estrategias y recursos para apoyar a nuestros hijos con TDAH, dislexia, altas capacidades y otras necesidades educativas especiales.

Sin embargo, este no es el final del viaje, sino más bien todo lo contrario: nos encontramos ante el comienzo de un nuevo capítulo en vuestras vidas. Más allá de las estrategias específicas que hemos descrito, hay aspectos importantes que aún debemos considerar y abordar para construir un futuro inclusivo y exitoso para nuestros hijos.

Uno de los aspectos clave es reconocer y aceptar las carencias y debilidades que encontramos como padres. Es natural sentirnos abrumados, frustrados o incluso culpables en ocasiones. Pero, cuando nos inunde este sentimiento, debemos recordar que no estamos solos en este camino y que podemos (y debemos) buscar apoyo y orientación. No tengamos miedo de pedir ayuda cuando la necesitamos, ya sea a otros padres, profesionales de la educación o especialistas en salud.

Además, es esencial comprender que hay mucho más por aprender y hacer más allá de las estrategias específicas que hemos explorado. Necesitamos seguir informándonos sobre las últimas investigaciones y prácticas en el campo de la educación inclusiva, y abogar por los derechos y necesidades de nuestros hijos en el ámbito escolar y social.

Como padres y como familia, somos modelos para nuestros niños, y nuestras acciones hablan con más vehemencia que nuestras palabras. Por eso, no hay mejor ejemplo que mostrarles a través de nuestro propio comportamiento y actitudes el valor de la inclusión y la importancia de defender los derechos de todas las personas, independientemente de sus habilidades o diferencias.

Esto implica abogar por las necesidades individuales de nuestros hijos y, además involucrarnos en iniciativas más amplias para promover la inclusión en la sociedad y en el sistema educativo. Al ser defensores activos de la igualdad de oportunidades y la diversidad estaremos creando un mundo más inclusivo y accesible para todos.

Para poder ayudar a nuestros hijos en su día a día debemos mantenernos atentos a las señales que puedan indicar que se están enfrentando a desafíos adicionales en su educación o desarrollo. Suele ser fácil pasar por alto los signos sutiles de las dificultades, especialmente cuando nuestros hijos intentan ocultar sus luchas por temor al juicio o por vergüenza.

Es fundamental establecer una comunicación abierta y comprensiva con nuestros hijos, y fomentar así un ambiente en el que se sientan seguros para compartir sus preocupaciones y emociones. Además, debemos obtener información sobre las necesidades educativas especiales, de modo que, dentro de lo posible, podamos reconocer los síntomas y buscar la ayuda necesaria cuando así se requiera.

Como familias, hacemos lo mejor que podemos con los recursos que tenemos a nuestra disposición. Por eso cabe mencionar que algunos de los recursos y estrategias presentados en este libro pueden implicar un coste elevado, pero es importante tener en cuenta que siempre existen alternativas viables. Contamos con el apoyo de asociaciones, centros sociales, centros educativos y otros profesionales, quienes pueden ofrecernos asesoría, herramientas y acompañamiento para entender y atender las necesidades de nuestros hijos. La colaboración y el compromiso con estas entidades permiten que cada familia, independientemente de sus circunstancias económicas, pueda ofrecer a sus hijos las oportunidades y el apoyo necesario para su desarrollo integral.

Finalmente, recordemos que nuestros hijos son mucho más que sus necesidades educativas. Son seres únicos, llenos de talento, pasión y potencial. Nuestra tarea como familia es apoyarlos, guiarlos y animarlos a seguir adelante con confianza y determinación, independientemente de los desafíos a los que se enfrenten.

Así que avancemos juntos, con valentía y esperanza, en la construcción de un futuro inclusivo donde todos los niños puedan brillar y alcanzar sus sueños.

Viaje hacia la adolescencia

Al llegar al final de la travesía que hemos emprendido juntos a lo largo de las páginas de este libro, no podemos pasar por alto el camino que aún queda por recorrer, especialmente cuando nuestros hijos con necesidades educativas especiales llegan a una de las etapas más complejas de su vida: la adolescencia. Este periodo, marcado por cambios físicos, emocionales y sociales importantes, nos presenta nuevos desafíos, pero también oportunidades para seguir fortaleciendo nuestro papel como guías y apoyo.

Los cambios emocionales propios de la adolescencia pueden volverse aún más intensos para nuestros hijos con necesidades especiales. Por eso, resulta vital estar preparados para comprender y manejar estos cambios con sensibilidad y paciencia. Es en este momento cuando nuestro apoyo se convierte en un faro en medio de la tormenta, que les proporciona estabilidad y comprensión cuando más lo necesitan.

Entrar en esta etapa supone cambios para nuestros hijos y, por tanto, también para nuestro papel como familias. A medida que nuestros hijos crecen, es natural que nos veamos inmersos en nuevas etapas de su desarrollo y educación. Uno de los desafíos a los que nos enfrentamos como padres es la percepción errónea de que a medida que nuestros hijos se vuelven más independientes, nuestra influencia y participación en su educación disminuye. Esta tendencia se relaciona con la creciente necesidad de aumentar su autonomía e independencia a medida que desarrollan sus habilidades. Sin embargo, este cambio no debe conducir a una disminución total de nuestra implicación con los centros educativos. Es decir, la comodidad de permitir que los hijos asuman más responsabilidades no debe traducirse en un abandono de nuestra colaboración activa, ya que es importante mantener una conexión constante que beneficie el rendimiento académico y fortalezca la relación familia-centro educativo.

Los padres debemos seguir teniendo un papel activo en la vida educativa de nuestros hijos, con una comunicación abierta con los maestros, la participación en reuniones y actividades escolares y asegurándonos de que se estén proporcionando los recursos adecuados para satisfacer sus necesidades individuales.

Recordemos que nuestras responsabilidades como padres de niños con necesidades educativas especiales no disminuyen con el tiempo, sino que evolucionan y se transforman. Por eso, tenemos que seguir apoyando a nuestros hijos a medida que avanzan en su camino educativo. Debemos mantener muy presente la necesidad de una continua implicación familiar y el papel fundamental que desempeñamos como modelos sociales y defensores de la inclusión.

Preparar a nuestros hijos para el futuro requiere una visión a largo plazo y una planificación cuidadosa. A medida que se acercan a la edad adulta, surgen nuevos retos importantes como explorar opciones educativas y profesionales que se ajusten a sus habilidades y pasiones.

Por supuesto, este camino no tenemos que recorrerlo solos. Formar parte de comunidades de apoyo, conectar con otras familias que comparten experiencias similares y buscar la orientación de profesionales especializados en el desarrollo de adolescentes con necesidades educativas especiales pueden ser apoyos que marquen una gran diferencia.

En este viaje hacia la adolescencia, tendremos que seguir siendo los defensores incansables de nuestros hijos, adaptándonos a sus necesidades cambiantes con paciencia y determinación. Nuestra dedicación, junto con una planificación informada, allana el camino hacia un futuro lleno de posibilidades y logros para nuestros hijos ya no tan pequeños. Aunque el trayecto puede ser desafiante, la recompensa de ver a nuestros hijos crecer y prosperar en su propio camino hace que cada esfuerzo valga la pena. Por eso este no es el final de un libro, sino el comienzo de un nuevo capítulo en el viaje de la crianza de vuestros hijos con necesidades educativas especiales.

Espero y deseo que la información compartida en este libro sea útil y os acompañe en este camino, haciendo que el tramo inicial, que quizás sea el más costoso, tenga menos curvas, o al menos, que las podáis superar con suavidad. Que este recurso sirva como guía y apoyo constante, ofreciendo herramientas y estrategias que faciliten el crecimiento y el desarrollo de vuestros hijos en un entorno inclusivo, comprensivo y sobre todo lleno de respeto y amor.

Ya lo afirmaba Audre Lorde (2003): «No son nuestras diferencias las que nos dividen. Es nuestra incapacidad para reconocerlas, aceptarlas y celebrarlas».

Bibliografía

Barkley Rusell, A. (2011). *Niños hiperactivos. Cómo comprender y atender sus necesidades especiales. Guía completa del Transtorno de Déficit de Atención con Hiperactividad (TDAH).* Ediciones Paidós.

Bermejo, G. (2021). *Cómo aprender de la discapacidad de tu hijo.* Coaching *para padres de niños con necesidades especiales.* Nueva Eva.

Bilbao, A. (2015). *El cerebro del niño explicado a los padres.* Plataforma editorial.

Blasco Fontecilla, H. (2020). *Jaque mate al TDAH.* Libros.com

Carmona, O., y Busto, A. (2021). *Hijos con altas capacidades. El reto de educarlos.* Plataforma editorial.

Conca, V. (2020). *Mueve el culo, tu hijo te necesita. Claves para que un niño con altas capacidades no sufra por ser diferente.* Autoedición.

Cuetos, F., Soriano-Ferrer, M., y Rello, L. (2019). *Dislexia. Ni despiste ni pereza. Todas las claves para entender el trastorno.* La Esfera de los Libros.

Eide, L. B., y Eide, F. (2020). *Las ventajas de ser disléxico.* Ediciones Obelisco.

Escamilla, E. (2019). *Supermentes. Reconocer las altas capacidades en la infancia.* Gedisa.

Fonte, G. (2021). *Estrategias prácticas para criar a niños con TDAH.* Autoedición.

Guerrero, R. (2021). *El cerebro infantil y adolescente. Claves y secretos de la neuroeducación.* Libros Cúpula.

Guerrero, R. (2021). *Trastorno por Déficit de Atención con Hiperactividad. Entre la patología y la normalidad.* Libros Cúpula.

Lorde, A. (2003). *La hermana, la extranjera: artículos y conferencias.* Horas y horas.

Mullaly, L. (2015). *Como pez en el árbol. Una novela sobre la dislexia.* Nube de tinta.

Nehiart, M., Pfeiffer, S., y Cross, T. (2019). *El desarrollo social de los alumnos con altas capacidades.* UNIR.

Orjales Villar, I. (2009). *Claves para afrontar la vida con un hijo con TDAH. Mi cabeza... es como si tuviera mil pies.* Pirámide.

Pannetier, E. (2017). *Comprender mejor la dislexia. Una guía para padres y educadores.* Ediciones Obelisco.

Pearson, R. (2013). *Dislexia. Una forma diferente de leer.* Paidós.

Pearson, R. (2020). *Una forma diferente de aprender.* Paidós.

Sanz Chacón, C. (2014). *La maldición de la inteligencia. Cómo lograr que ser superdotado sea una ventaja y no un problema.* Plataforma editorial.

Urra, J. (2016). *Educar con sentido común. Todo lo que hay que saber para que tus hijos y tú seáis felices.* Clave.

Cuentos

Arroyo, L. (2009). *Dislexia. Me cuesta leer. ¿Quieres conocerme?* Editorial Salvatella.

Bos, E., y Margolese, S. (2021). *¡Billy no puede ir más despacio! Cuento y herramientas para manejar el TDAH.* Autoedición.

Casellas, M., Valera, M., y Vidal, M. (2019). *¡Soy un camaleón! Las altas capacidades intelectuales.* Editorial Salvatella.

Guerrero, R., y García, C. (2020). *La mirada de José Luis. TDAH.* Marcombo.

Herce Palomares, M. P., Laguna, C., y López, J. (2022). *Un universo dentro de mí.* Marcombo.

Kraljic, H. (2015). *Tengo dislexia.* Ediciones Jaguar.

Llenas, A. (2017). *Topito terremoto.* Beascoa.

Llucià, I., y Bailey, A. (2013). *Las letras y yo. Un cuento sobre la dislexia.* Sandía Books.

Lopez Soria, M., y Galindo, A. (2014). *Rabo de lagartija.* Destino.

Mills, E. (2021). *Nunca dejes de soñar.* Special Art.

Olivares, A. I., y López, J. (2022). *Petra y las letras. Trastornos de lectura y escritura.* Marcombo.

Solicitud de evaluación psicopedagógica

Estimado/a *[Nombre del director/a o docente tutor]*,

Por medio de la presente, me dirijo a usted como padre/madre/tutor legal de *[Nombre del estudiante]* que es alumno/a de *[curso y etapa educativa]* en su centro educativo. El motivo de esta carta es solicitar formalmente una evaluación psicopedagógica para mi hijo/a.

Después de haber observado de cerca a *[Nombre del estudiante]* y habiendo notado con relación a su progreso académico y su comportamiento *[lo que observas como padre/madre]*, hemos llegado a la conclusión de que podría estar enfrentándose a dificultades que podrían requerir apoyo adicional en el ámbito educativo. Creemos firmemente que una evaluación psicopedagógica exhaustiva nos proporcionará información sobre las necesidades educativas específicas de nuestro hijo/a.

Agradeceríamos que el centro educativo, en colaboración con el equipo de orientación educativa correspondiente, lleve a cabo esta evaluación lo antes posible para poder tomar medidas apropiadas y ofrecer a *[Nombre del estudiante]* el apoyo necesario para su desarrollo integral.

Adjunto a esta carta, encontrará *[cualquier documentación adicional que se considere relevante para apoyar esta solicitud, informes externos, documentación médica, etc.]*.

Quedamos a su disposición para tratar cualquier aspecto adicional relacionado con esta solicitud y esperamos recibir una respuesta positiva a la mayor brevedad posible.

Agradecemos de antemano su atención y colaboración en este asunto.

Atentamente,

[*Firma*]

[*Nombre del solicitante*]

* *Recuerda adaptar el contenido a las circunstancias específicas de tu situación y proporcionar toda la información relevante que pueda servir como base para la solicitud de evaluación psicopedagógica.*